国家自然科学基金面上项目“创新驱动型并购的影响
因素与经济后果研究（71672007）”的阶段性成果

THE M&AS FOR INNOVATION:
DETERMINANTS AND CONSEQUENCES

并购的创新动因：
影响因素与经济后果

佟岩 等 著

北京理工大学出版社
BEIJING INSTITUTE OF TECHNOLOGY PRESS

图书在版编目（CIP）数据

并购的创新动因：影响因素与经济后果/佟岩等著．—北京：北京理工大学出版社，2020.6

ISBN 978－7－5682－8564－3

Ⅰ．①并…　Ⅱ．①佟…　Ⅲ．①企业兼并－研究－中国　Ⅳ．①F279.21

中国版本图书馆 CIP 数据核字（2020）第 099668 号

出版发行／北京理工大学出版社有限责任公司
社　　址／北京市海淀区中关村南大街 5 号
邮　　编／100081
电　　话／（010）68914775（总编室）
　　　　　（010）82562903（教材售后服务热线）
　　　　　（010）68948351（其他图书服务热线）
网　　址／http：//www.bitpress.com.cn
经　　销／全国各地新华书店
印　　刷／三河市华骏印务包装有限公司
开　　本／710 毫米×1000 毫米　1/16
印　　张／13.5
字　　数／189 千字
版　　次／2020 年 6 月第 1 版　2020 年 6 月第 1 次印刷
定　　价／58.00 元

责任编辑／刘　派
文案编辑／李丁一
责任校对／周瑞红
责任印制／李志强

序

本书是国家自然科学基金面上项目“创新驱动型并购的影响因素与经济后果研究（71672007）”的阶段性成果。

在前期研究积累的基础上，课题组关注到近年来的并购活动越来越不局限于占领市场、扩大规模等常见诉求，而是格外重视获取创新资源和能力，构建长期竞争优势。这种趋势既有经济环境和科技进步的影响，也与企业的发展战略、治理情况等密切相关。但无论并购的直接动因何在，从股东角度出发都希望并购最终能带来财富的增长和价值的提升。本书在此背景之下，系统分析和检验企业在做出以创新为目标的并购时会受到哪些因素的影响，不同动因的并购活动又将带来何种差异化的创新绩效和企业价值。

本书首先梳理了我国企业并购和创新战略的制度背景与历史发展，然后对并购和创新的相关研究进行了综述。在此基础上，本书使用大样本数据检验了行业背景、竞争程度、企业战略、股权结构等因素对并购动因的影响，以及并购动因与股权结构、融资决策、知识规模、负债压力等因素共同对创新绩效产生的影响。最后，本书验证了并购的创新动因与短期市场反应、长期财务业绩与企业价值之间的关系。

总的来看，在影响因素方面，本书发现高新技术行业中的企业、采取探索型战略的企业更倾向于进行创新动因的并购。探索型战略与创新动因的并购之间的关系在股权更集中、非国有企业、机构投资者持股更多的企业中更加突出。行业竞争程度与并购的创新动因呈倒 U 形关系。

在经济后果方面，本书发现创新动因的并购通过创新资源和能力的整合，可以为主并方带来更好的创新绩效，这一关系会受到主并方股权结构、并购融资方式与支付方式、双方的知识规模差异、主并方的债务压力等因素的影响。由于获得了更好的创新优势，创新动因的并购可以给主并方带来更显著的短期市场反应、更突出的长期财务业绩与价值创造。

本书第一、二章由佟岩执笔，第三章由佟岩、宫雯、冉敏、王茜、孙雨晨、田甜、王志秀执笔，第四章由佟岩、蒲思帆、曾韵、盖士娇、王俊雅、王茜、华晨、李思飞、王志秀执笔，第五章由佟岩、盛佳玮、孙雨晨、李罗一帆执笔。本书中部分内容已经在《会计研究》《中央财经大学学报》等刊物发表，感谢审稿人和期刊编辑的中肯建议及辛勤工作。

作　者

目　录

第一章
制度背景与发展历史

第一节　我国的并购发展

一、并购的发展历程

并购是“兼并”和“收购”的总称（M&As）。改革开放之前，我国并没有规范的并购市场和并购业务。20 世纪 80 年代起，随着改革开放带来的经济和社会环境变化，我国股份制企业和证券市场逐步形成和发展起来。

1993 年发生了资本市场上第一例通过二级市场实现的并购——“宝延风波”。延中实业（股票代码 600601，后更名为方正科技）是第一批在上交所挂牌的“老八股”[①] 之一。1993 年 9 月 13 日，深宝安旗下宝安上海、宝安华东保健品公司和深圳龙岗宝灵电子灯饰公司在二级市场上悄悄收购延中实业的股票。1993 年 9 月 29 日，上述 3 家公司已经分别持有延中实业 4.56%、4.52% 和 1.657% 的股份，合计持有超过 10%。深宝安则在 9 月 30 日开盘后迅速继续买入延中实业股票，持股比例一下子达到了 15.98%，至此才发布举牌公告宣称持有延中实业 5% 以上的股票。延中实业本身资本实力较弱，股权又过度分散，没有控股股东，深宝安通过这种方式突然成为延中实业事实上的第一大股东。毫无防备的延中实业产生了强烈的抵触情绪，并对深宝安突击收购股票的合法性提出了质疑。1993 年 10 月 22 日深宝安已经持有延中实业 19.8% 的股票。同日证监会作出裁决，深宝安在信息披露方面存在着违规行为，罚款 100 万元，但股权收购行动有效。1994 年 3 月，延中实业创始人周鑫荣不得不让出了董事长的职位。

当然在资本市场历史发展的过程中，大部分并购还是由双方协商完成的。作为企业快速成长和扩张的重要手段，并购不局限于企业自身渐进式的发展模式，它为企业提供了跳跃式发展的可能性。同时，并购也是一种资源整合的手段，可以优化企业的内部结构，合理配置资源。随着经济的不断发展，我国并购交易市场日益完善，企业自身实力不断增强，并购交易完成规模及案例数量呈逐年增长的趋势。根据清科数据研究中心的数据，在过去的十年里，我国并购市场十分活跃。从图 1－1 和表 1－1 可知，无论是从交易成功数量、并购交易的金额还是涉及的行业范围，都呈现出快速增长和扩大的趋势。2009 年并购交易事件只有不到 300 起，但是到了 2018 年，并购交易数量达到 2500 多起。并购交易的数量扩大了 8 倍，在交易金额上也是扩大了 5 倍之多。截至 2018 年年底，我国已经成为继美国之后世界第二大并购交易市场。

---

① “老八股”指最早在上海证券交易所上市交易的八只股票，分别为：上海申华电工联合公司、上海豫园旅游商城股份有限公司、上海飞乐股份有限公司、上海真空电子器件股份有限公司、浙江凤凰化工股份有限公司、上海飞乐音响股份有限公司、上海爱使电子设备股份有限公司、上海延中实业股份有限公司。

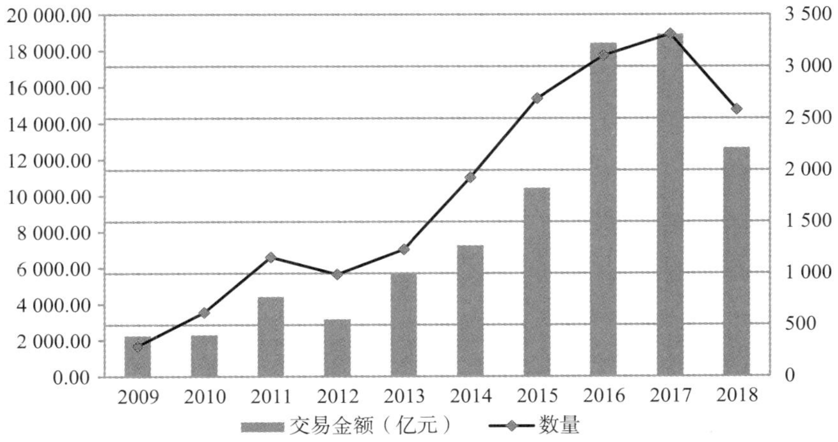

图 1-1　中国并购市场发展趋势（数据来自清科数据研究中心）

表 1-1　中国上市公司并购交易规模（2009—2018）

年份	数量/起	交易金额/亿元
2009	294	2 257. 33
2010	622	2 304. 64
2011	1 157	4 423. 30
2012	991	3 172. 65
2013	1 232	5 657. 44
2014	1 929	7 250. 38
2015	2 692	10 437. 25
2016	3 105	18 435. 53
2017	3 313	18 919. 23
2018	2 584	12 653. 59
合计	17 919	85 511. 34

数据来源：清科数据研究中心

二、相关制度

围绕并购，在法律法规、部门规章等多层次陆续形成了有关制度要求。本节大致按照时间顺序简要介绍一些在历史上较为重要的相关法规制度。

随着股票市场的成立和发展，1993 年 4 月，《股票发行与交易管理暂行条例》出台，其中的第四节叫做“上市公司收购与合并”。

此后，《中华人民共和国公司法》于 1993 年 12 月 29 日第八届全国人民代表大会常务委员会第五次会议通过，1999 年、2004 年、2005 年、2013 年、2018 年多次修正修订，对于股权转让、公司合并、分立等做出了相应规定。

《中华人民共和国证券法》于 1998 年 12 月 29 日由第九届全国人民代表大会常务委员会第六次会议通过，2004 年、2005 年、2013 年、2014 年、2019 年多次修正修订。第四章“上市公司的收购”专门对投资者通过要约收购、协议收购及其他合法方式收购上市公司做出了规定。

《上市公司收购管理办法》经 2006 年 5 月 17 日中国证券监督管理委员会第 180 次主席办公会议审议通过，2008 年、2012 年、2014 年进行了修订，该办法对要约收购、协议收购、间接收购等做出了规定。

2008 年证监会发布《上市公司重大资产重组管理办法》，适用于“上市公司及其控股或者控制的公司在日常经营活动之外购买、出售资产或者通过其他方式进行资产交易达到规定的比例，导致上市公司的主营业务、资产、收入发生重大变化的资产交易行为”，上市公司发行股份购买资产也应当符合该办法的规定，该办法 2011 年、2014 年、2016 年、2019 年经过多次修订。在 2019 年的修订中，主要变化包括简化了重组上市的认定标准、恢复了重组上市的配套融资、对业绩补偿加强了问责制度等，总的来看有利于发挥并购重组在改善上市公司资产质量方面的积极作用。

《国务院关于促进企业兼并重组的意见》（2010 年 8 月 28 日实施，国发〔2010〕27 号）、《国务院关于进一步优化企业兼并重组市场环境的意见》（2014 年 3 月 7 日实施，国发〔2014〕14 号），对于审批制度改革、落实完善财税政策、加强产业政策引导等进行了规定。2014 年 5 月 9 日，国务院出台《关于进一步促进资本市场健康发展的若干意见》，再次重申鼓励市场化并购重组，充分发挥资本市场在企业并购重组过程中的主渠道作用。

2015 年 8 月 31 日，中国证监会、财政部、国资委、中国银监会等四部委联合发布《关于鼓励上市公司兼并重组、现金分红及回购股份的通知》，通过多种方式进一步深化改革、简政放权，大力推进上市公司并购重组，积极鼓励上市公司现金分红，支持上市公司回购股份，提升资本市场效率和活力。

此外，一些关于证券发行、再融资等方面的制度虽然并不直接规范并购，但由于涉及并购的资金来源，也会对并购活动产生重要影响。比如 2019 年 2 月 14 日，证监会发布《关于修改〈上市公司证券发行管理办法〉的决定》《关于修改〈创业板上市公司证券发行管理暂行办法〉的决定》《关于修改〈上市公司非公开发行股票实施细则〉的决定》，并自发布之日起施行。这些决定主要修改了各项融资条件，将有利于并购活动的开展。比如，关于优化非公开发行制度的规定，将发行后的锁定期由 36 个月和 12 个月分别缩短至 18 个月和 6 个月，且不适用减持规则的相关限制，将主板（中小板）、创业板非公开发行股票发行对象的数量由分别不超过 10 名和 5 名，统一调整为不超过 35 名等。这些修改将有利于上市公司通过非公开发行的方式引入战略投资者，甚至实现借壳上市等特殊的并购。

三、典型的上市公司并购过程

以上市公司并购为例，一个典型的并购活动需要经过前期酝酿、停牌协商、确定细节、发布公告、完成交易、整合发展等过程，涉及多个利益相关主体。本节以韦尔股份（股票代码 603501）收购北京豪威科技有限公司（以下简称“北京豪威”）为例简要说明这一过程。由于该项并购于 2019 年 8 月完成，后续的整合发展信息尚未披露，因此本节介绍的并购过程不包括后续的整合发展。

（一）酝酿与停牌

2017 年 6 月 3 日，韦尔股份发布重大事项停牌公告，此后连续停牌，并在7月5日发布重大资产重组进展暨继续停牌公告，其中对该次重组表述为“本次重大资产重组交易对方为持有标的资产股权的独立第三方，初步拟订的交易方案不构成关联交易，……拟购买标的资产所属行业类型为计算机、通信和其他电子设备制造业”。连续停牌至8月5日时，公司又发布了重大资产重组进展暨继续停牌公告，披露了拟购买标的资产为北京豪威。北京豪威注册于北京，但是是中外合资有限责任公司，主营业务主要通过美国豪威开展①。由于本次重大资产重组交易涉及海外收购，交易对手众多，重组方案、交易结构、交易标的等涉及的相关事项复杂②，韦尔股份与交易对方及各方中介机构进行沟通、协调及确认所需时间较长，交易所涉及的法律、审计及评估等尽职调查工作较为复杂、工作量较大，所以韦尔股份在9月5日发布公告继续停牌。

2017年9月20日起，韦尔股份控股股东、实际控制人虞仁荣担任北京豪威董事、总经理兼首席执行官，北京豪威成为上市公司关联方。但由于北京豪威的股东之一明确反对其他股东将股权转让给韦尔股份，同时表示无意放弃优先购买权，因此韦尔股份需要与其他股东重新协商，于是公司在9月26日发布了终止重大资产重组的公告。

（二）交易预案发布

此后虽然公司在一段时间内没有公开信息披露，但根据后来的报告，可以发现在终止公告发布之后，公司仍在为并购努力。2018年3月26日，北京豪威召开董事会并作出决议，同意海鸥香港等股东将其所持北京豪威的出资转让予绍兴市韦豪股权投资基金合伙企业（有限合

---

① 美国豪威原为美国纳斯达克上市公司，于2016年年初完成私有化并成为北京豪威的全资子公司，是一家领先的数字图像处理方案提供商，主营业务为设计、制造和销售高效能、高集成和高性价比半导体图像传感器设备。

② 北京豪威在境外有约20家子公司，法律、审计及评估等尽职调查工作较为复杂、工作量较大。北京豪威直接股东多达35家，尽职调查工作任务繁重，各股东签署文件内部程序较为复杂，并有少数交易对手对于本次重组方案态度尚不明确。本次资产重组事项可能涉及美国外资投资委员会（CIFUS）审批备案手续，需要与境外律师事务所就该事项进行分析讨论。

伙）（以下简称“绍兴韦豪”）等受让方。绍兴韦豪受让后，持有的北京豪威股份达到了约 17.58%，成为北京豪威的第一大股东，并且绍兴韦豪是韦尔股份实际控制人、控股股东虞仁荣控制的企业（见图 1－2）。图 1－2 中虚线区域内为韦尔股份购买北京豪威时直接涉及的交易对手，即绍兴韦豪和其他多个股东，合计持有北京豪威 85.53% 股份。韦尔股份通过其他三家公司持有的北京豪威 12.5% 的股份并不在本次交易范围之内。

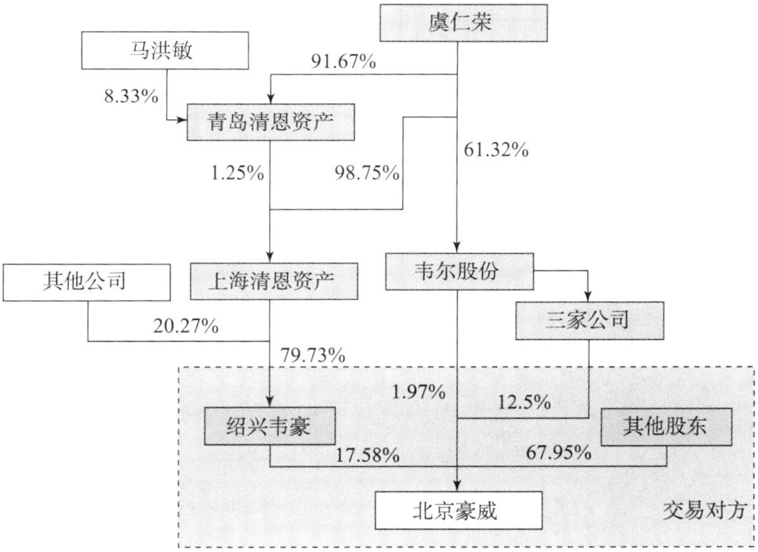

图 1－2　收购前韦尔股份与北京豪威和其股东的关系

2018 年 5 月 15 日，公司再次停牌，筹划收购北京豪威科技有限公司、北京思比科微电子技术股份有限公司的股权，本节后续以北京豪威为例说明并购过程。由于此时北京豪威的第一大股东为绍兴韦豪，绍兴韦豪又与韦尔股份一同受到虞仁荣控制，使这次重大资产重组构成关联交易。

2018 年 8 月 14 日，韦尔股份召开了第四届董事会第二十七次会议，审议通过了发行股份购买资产并募集配套资金暨关联交易预案及相关议案，并于 2018 年 8 月 15 日公开发布。但公司在 8 月 29 日收到上海证券交易所上市公司监管一部下发的《关于对上海韦尔半导体股份有限公司发行股份购买资产并募集配套资金暨关联交易预案信息披露的问询函》（上证公函〔2018〕2433 号，以下简称“问询函”）。收到“问询函”后，韦尔股份在 9 月 11 日对“问询函”有关问题书面回复上海证券交易所，公司股票于 2018 年 9 月 12 日起复牌。

（三）审核批准与交易完成

2018 年 11 月 30 日，韦尔股份第四届董事会第三十三次会议审议通过本次重大资产重组方案及相关议案，于 12 月 1 日正式发布发行股份购买资产并募集配套资金暨关联交易报告书（草案）。标的方和交易对方也都经过了各自公司的内部决策过程。关于交易定价，采用收益法评估后，北京豪威 100% 股权的评估价值为 141.31 亿元，韦尔股份将发行股份购买其中的 85.53%，准备以每股 33.7 元的价格发行 3 864.42 万股股票。

2018 年 12 月 17 日，韦尔股份 2018 年第四次临时股东大会审议通过本次重大资产重组方案及相关议案。

2019 年 1 月 14 日，韦尔股份收到证监会出具的《中国证监会行政许可项目审查一次反馈意见通知书》（182158 号），同时结合公司的年度经营数据，公司又对重组报告书进行了修订和更新，并于 4 月 3 日发布修订后的报告书。

由于北京豪威主要经营实体为美国豪威，所以本次交易还分别于北京时间 2019 年 2 月 15 日和 4 月 16 日通过了美国联邦贸易委员会和司法部的反垄断审查以及美国外国投资委员会的审查，确认不存在未解决的国家安全考虑因素。

2019 年 6 月 5 日，证监会核准了本次交易，韦尔股份于 6 月 25 日发布了经过修订的正式的交易报告书。

2019 年 8 月 2 日，韦尔股份公告已完成资产交割和股份过户，收购后公司的股权结构见图 1－3。

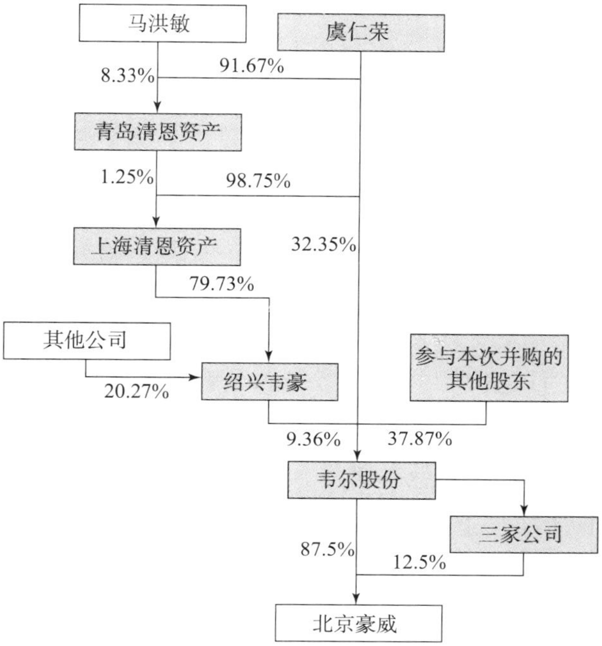

图 1－3　收购后韦尔股份与北京豪威和其原股东的关系

第二节　我国的创新战略

从刀耕火种、结绳记事，到探索太空、人工智能，人类社会的每一次跨越式的发展都伴随着科学技术的飞跃，充分说明了科学技术是第一生产力，是先进生产力的集中体现和主要标志。经过漫长的发展和积累后，近百年来人类社会更是迎来了科学技术的集中爆发。新世纪国际形势和经济环境不断发展变化，潜藏着风险也带来了机遇，而创新则是抓住机遇的不二之选，我国也在创新发展的道路上不断前进。

一、发布国家中长期科学和技术发展规划纲要

国务院在 2006 年发布了《国家中长期科学和技术发展规划纲要

(2006—2020年)》（以下简称“《中长期纲要》”），其中提出到2020年，我国科学技术发展的总体目标是：“自主创新能力显著增强，科技促进经济社会发展和保障国家安全的能力显著增强，为全面建设小康社会提供强有力的支撑；基础科学和前沿技术研究综合实力显著增强，取得一批在世界具有重大影响的科学技术成果，进入创新型国家行列，为在本世纪中叶成为世界科技强国奠定基础”。

科技体制改革对于实现这一目标至关重要，《中长期纲要》提出在当前和今后一个时期，科技体制改革的重点任务之一就是支持鼓励企业成为技术创新主体。市场竞争是技术创新的重要动力，技术创新是企业提高竞争力的根本途径。随着改革开放的深入，我国企业在技术创新中发挥着越来越重要的作用。要进一步创造条件、优化环境、深化改革，切实增强企业技术创新的动力和活力。此外，《中长期纲要》还提出了包括“实施激励企业技术创新的财税政策”等在内的重要政策和措施。

二、十八大提出创新驱动发展战略

2008年爆发的全球金融危机使我国发展遭遇严重困难，党中央科学判断、果断决策，采取一系列重大举措，在全球率先实现经济企稳回升，积累了有效应对外部经济风险冲击、保持经济平稳较快发展的重要经验。可见，发展仍是解决我国所有问题的关键。只有推动经济持续健康发展，才能筑牢国家繁荣富强、人民幸福安康、社会和谐稳定的物质基础。

2012年11月，党的十八大明确提出实施创新驱动发展战略。科技创新是提高社会生产力和综合国力的战略支撑，必须摆在国家发展全局的核心位置。要坚持走中国特色自主创新道路，以全球视野谋划和推动创新，提高原始创新、集成创新和引进消化吸收再创新能力，更加注重协同创新。深化科技体制改革，推动科技和经济紧密结合，加快建设国家创新体系，着力构建以企业为主体、市场为导向、产学研相结合的技术创新体系。完善知识创新体系，强化基础研究、前沿技术研究、社会公益技术研究，提高科学研究水平和成果转化能力，抢占科技发展战略制高点。实施国家科技重大专项，突破重大技术瓶颈。加快新技术新产品新工艺研发应用，加强技术集成和商业模式创新。完善科技创新评价标准、激励机制、转化机制。实施知识产权战略，加强知识产权保护。促进创新资源高效配置和综合集成，把全社会智慧和力量凝聚到创新发展上来。

2013 年 10 月 21 日，习近平总书记在欧美同学会成立一百周年庆祝大会上的讲话中指出，创新是一个民族进步的灵魂，是一个国家兴旺发达的不竭动力，也是中华民族最深沉的民族禀赋。在激烈的国际竞争中，惟创新者进，惟创新者强，惟创新者胜。

2015 年 3 月，《中共中央　国务院关于深化体制机制改革加快实施创新驱动发展战略的若干意见》出台，包括总体思路和主要目标，营造激励创新的公平竞争环境，建立技术创新市场导向机制，强化金融创新的功能，完善成果转化激励政策，构建更加高效的科研体系，创新培养、用好和吸引人才机制，推动形成深度融合的开放创新局面，加强创新政策统筹协调，共 9 个部分 30 条。

三、发布国家创新驱动发展战略纲要

创新是引领发展的第一动力。我国经济发展进入新常态，传统发展动力不断减弱，粗放型增长方式难以为继。必须依靠创新驱动打造发展新引擎，培育新的经济增长点，持续提升我国经济发展的质量和效益，开辟我国发展的新空间，实现经济保持中高速增长和产业迈向中高端水平“双目标”。

2016 年 5 月，中共中央、国务院印发了《国家创新驱动发展战略纲要》（以下简称“《纲要》”），并发出通知，要求各地区各部门结合实际认真贯彻执行。《纲要》提出，以邓小平理论、“三个代表”重要思想、科学发展观为指导，深入贯彻习近平总书记系列重要讲话精神，按照“四个全面”战略布局的要求，坚持走中国特色自主创新道路，解放思想、开放包容，把创新驱动发展作为国家的优先战略，以科技创新为核心带动全面创新，以体制机制改革激发创新活力，以高效率的创新体系支撑高水平的创新型国家建设，推动经济社会发展动力根本转换，为实现中华民族伟大复兴的中国梦提供强大动力。

具体来看，《纲要》对于战略目标给出了清晰的规划：

第一步，到2020年进入创新型国家行列，基本建成中国特色国家创新体系，有力支撑全面建成小康社会目标的实现；第二步，到2030年跻身创新型国家前列，发展驱动力实现根本转换，经济社会发展水平和国际竞争力大幅提升，为建成经济强国和共同富裕社会奠定坚实基础；第三步，到2050年建成世界科技创新强国，成为世界主要科学中心和创新高地，为我国建成富强民主文明和谐的社会主义现代化国家、实现中华民族伟大复兴的中国梦提供强大支撑。而且《纲要》对于与创新发展密切相关的研究与试验发展（R&D）经费给出了量化标准，提出该项支出占国内生产总值的比重在2020年应达到2.6%，2030年应达到2.8%。

四、十九大继续推进创新驱动发展战略

2017年10月，习近平总书记在十九大报告中指出，十八大以来，党和国家坚定不移贯彻新发展理念，坚决端正发展观念、转变发展方式，发展质量和效益不断提升。尤其是创新驱动发展战略大力实施，创新型国家建设成果丰硕，天宫、蛟龙、天眼、悟空、墨子、大飞机等重大科技成果相继问世。南海岛礁建设积极推进。开放型经济新体制逐步健全，对外贸易、对外投资、外汇储备稳居世界前列。

随着我国经济由高速增长阶段转向高质量发展阶段，必须坚持质量第一、效益优先，以供给侧结构性改革为主线，推动经济发展质量变革、效率变革、动力变革，提高全要素生产率，着力加快建设实体经济、科技创新、现代金融、人力资源协同发展的产业体系，着力构建市场机制有效、微观主体有活力、宏观调控有度的经济体制，不断增强我国经济创新力和竞争力。

十九大报告中还提出，在全面建成小康社会决胜期，要坚定实施包

括创新驱动发展战略在内的各项重大战略，坚决打好防范化解重大风险、精准脱贫、污染防治的攻坚战，使全面建成小康社会得到人民认可、经得起历史检验。

当人们习惯手机支付，依赖卫星导航，乘着高铁飞驰，科技的力量对于普通民众不再遥不可及，而是变成生活中的点滴，未来的发展将超乎想象。

第二章
并购与创新的文献综述

第一节　并购的相关研究

一、常见的并购动因理论

作为一项重大决策，并购无疑是企业深思熟虑之后的行动。那么企业出于什么动机成为并购中的主角呢？受到普遍认同的解释包括协同效应理论、委托代理理论、交易成本理论、价值低估理论等。

（一）协同效应理论

协同效应理论认为并购是一个资源重新整合利用、优化配置的过程，通过并购可以增加企业的收益，即所谓 1 + 1 > 2（Ansoff，1965）。协同效应又可以细分为经营协同、管理协同、财务协同等（Weston 和

Chung，1998）。经营协同效应来自并购产生的规模效应（Klein 等，1978；Lambrecht，2004）。管理协同效应来自并购双方管理效率的差异（Matsusaka，1993；王宛秋和张永安，2009）。财务协同效应是企业在考虑资金成本、分散企业风险、合理避税三个方面时所体现出来的（Choi 和 Philippatos，1983）。

（二）委托代理理论

随着现代企业制度的产生，企业的所有权和经营权逐渐分离，形成了所有者和公司管理者之间的委托代理关系（Berle 和 Means，1932）。管理者会为了自身利益最大化做出侵害股东利益的决策。管理者更愿意进行能获得更多私人利益的利己型并购活动，而使股东报酬率较低（Jensen 和 Meckling，1976；Lewellen 等，1985）。与此同时，管理者的过度自信也会导致并购后收益过低甚至为负（Roll，1986）。

Johnson 等（2000）提出了“掏空”这一说法，描述了资源从企业向控股股东转移的现象，在存在大、小股东之间代理问题的亚洲国家中这一现象更为普遍。Bae 等（2002）的研究表明，由同一韩国大型财团控股的不同公司间进行并购时，作为主并方的公司股票大幅下跌会使其小股东利益遭受损失，然而主并方的控股股东却可以因为并购导致的财团内其他公司价值提升而获利。

（三）交易成本理论

交易成本理论最早由 Coase 提出。Demsetz（1968）在研究交易制度对证券交易价格的决定过程中，将交易成本分为显性交易成本与隐性交易成本。Williamson（2008）将交易成本理论用于解释企业并购行为。由于市场上存在信息不对称、不确定性等复杂因素，企业之间完成交易可能会付出高额的交易成本，此时可以通过并购节约企业间的交易成本（陈玉罡和李善民，2007）。将交易双方纳入同一企业后，企业间的外部交易转化成内部交易，就形成了内部资本市场。内部资本市场的优点还包括获取内部信息较为便利、能够根据市场变化对企业经营快速调整、缓解融资约束等。比如，在主并方和目标方的现金流分布不均衡，目标方又存在投资机会时，主并方通过建立内部资本市场，可以有效利用并购双方的资金和投资机会（Nielsen 和 Melicher，1973）。但也有研究发现，纳入同一集团后，子公司间的“交叉补贴”现象可能降低资源配置效率（Shin 和 Stulz，1998）。

（四）企业价值低估理论

企业价值低估理论认为企业由于某些因素未能反映其真实或潜在市场价值时，可能会引来其他企业对其进行并购。造成企业价值被低估有很多方面的原因，市场参与者的短视、市场中的信息不对称等都可能使企业外部主体无法对企业的价值进行合理的判断（陈仕华等，2013）。无论并购成功与否，目标方的股价都会呈现总体上升趋势，因为并购行为向市场传递了目标公司股价被低估的信号（Dodd 和 Ruback，1977；Bradley，1980）。并购的一些特征也可以让市场参与者做出相应的判断，如交易双方出于各自立场的考虑对并购支付形式有一定偏好（Ghosh 和 Ruland，1998），Ross（1977）发现，主并方通过股票方式支付并购对价时，向市场传递了主并方股价被高估的信号。

二、并购的特征

（一）参与方

作为企业活动中的重大变化，并购过程无疑会受到各参与方的影响（李善民和曾昭灶，2003）。并购各方的产权性质、股权结构、管理者权力（王克敏等，2009；Arikan 和 Capron，2010；朱国泓和杜兴强，2010），参与并购的国内外机构投资者（Chen 等，2007；佟岩等，2015；曹婷等，2015），外部的媒体（陈泽艺等，2017）、分析师（Sibilkov 等，2013；韩洁等，2016）等中介机构，以及政府监管部门（陈胜蓝和马慧，2017；李晓溪等，2019）等，他们的博弈决定了后续并购的实现过程乃至长期的整合效果。

（二）实现过程

从选择并购目标开始，并购需要经过较为漫长的过程，在第一章中韦尔股份的案例已经体现了这一点。并购各方需要确定标的的价格（Hayward 和 Hambriek，1997；唐宗明和蒋位，2002；陈仕华和卢昌崇，2013）、支付的方式（Faccio 和 Masulis，2005；谢纪刚和张秋生，2013；余鹏翼和王满四，2014；吴娜等，2018），考虑潜在的风险（Nguyen 和 Phan，2017；张耕和高鹏翔，2020）、后续的整合（Sears，2018；杨勃和许晖，2020）等。

以支付方式为例，我国资本市场中的早期并购多以协议转让甚至无偿划拨为主（李善民和张媛春，2009），而且多为现金、资产支付（谢纪刚和张秋生，2013）。股权分置改革之后，虽然仍是通过协议进行的并购为主，但随着定向增发方式的快速发展（卢闯和李志华，2011），以股票为对价越来越常见（谢纪刚和张秋生，2013）。近年来，二级市场上的“举牌”式收购也逐渐增多，这要求主并方具有敏锐的判断力和充足的资金作为后盾。

三、并购的经济后果

并购将会为交易各方带来一系列经济影响，股东最为关注的是并购是否带来了更高的企业价值。

（一）经济后果的常见考察角度

正常情况下，并购的目标是为了提高企业的经营业绩，进而提升整体价值。这一目标可能通过提高管理效率、扩大市场规模等来实现。

并购给经营业绩带来的影响主要围绕财务指标，尤其是最终的获利水平展开，如有研究发现企业并购后资产报酬率出现明显下滑（Meeks，1977），从财务指标综合来看呈现一个先上升后下降的趋势（冯根福和吴林江，2001）。

对于在资本市场挂牌的上市公司来说，并购交易活动发生时，会向市场传递一定信息，市场投资者会根据自己的判断做出相应的买卖决策，进而影响到并购参与方的股票价格。股票价格的波动就形成了市场对于并购事件产生的反应（Healy 等，1992）。但由于股票价格的波动受到多重因素影响，还需要考虑将并购的影响单独提取出来，也就是将价格波动区分为由并购事件引起的变化和其他因素引起的变化两类，这就形成了事件研究法的核心思路。根据选取的事件窗口的长短，使用事件研究法考察市场反应又可以分为短期市场反应（CAR）和长期市场反应（BHAR）两种方式。

（二）经济后果的主要结论

1. 并购能带来正面影响

大部分研究都认为目标方可以获得正的超额收益（Jensen 和 Ruback，1983；Healy 等，1992；Schwert，1996），对于并购中的主并方来说，结论始终不一致，有部分研究认为并购活动对主并方价值创造有正面影响（Healy 等，1992；张俊瑞等，2002；李心丹等，2003；李善民和朱滔，2006）。

进一步来看，由于并购活动将影响股权结构、董事会构成、高管变更等治理关系（Walsh 和 Ellwood，1991；章卫东等，2011；Chen 等，2014），这些关系变化将进一步影响公司内部的各项资源配置，进而对并购后的表现产生影响。比如，独立的长期机构投资者持股有利于长期并购绩效（Chen 等，2007）。国有企业并购后市场反应有明显的提升，非国有企业则没有显著变化（李善民和陈玉罡，2002）。并购绩效随着董事网络中心度的增强而提高（江涛等，2019）。

2. 并购会带来负面影响

很多研究都发现主并方无论是财务业绩还是长期市场表现均不容乐观（冯根福和吴林江，2001；张新，2003；李增泉等，2005），学者们认为不同的主并方式（Jensen 和 Ruback，1983）、并购中的盈余管理（Erickson 和 Wang，1999；Louis，2004）、并购后的整合不利（李善民和郑南磊，2007a）等都使并购中潜在的协同效应难以实现，主并公司股东不能获得财富增值（Baek 等，2006），而且普遍认为多元化并购带来的长期市场表现较差（Agrawal 等，1992；李善民和朱滔，2006）。当公司治理存在缺陷时，并购甚至可能成为“掏空”或“利益输送”的手段，使小股东的利益受到损害（唐宗明和蒋位，2002；李增泉等，2005；尹筑嘉等，2013）。比如，从企业股权特征来看，大股东的掏空动机会对并购后的长期市场表现有负面影响（李增泉等，2005）。

第二节　创新的相关研究

一、创新的度量

创新常与技术、科技等词汇组合在一起（冯根福和温军，2008；Zhao，2009；陈玉罡等，2015），但又不仅限于此，还包括新产品、新技术、知识转移、新生产流程等（Ayyagari 等，2011）。在已有研究中，对于如何度量创新主要有三种角度：创新投入、创新产出和创新类型。创新投入通常用来表示企业为了保持及提高创新能力而投入的创新资源，主要有经济投入和人才投入两大类。创新产出通常用来表示企业获得了多少与创新直接相关的成果[①]，最为常用的是与专利相关的指标，还有与新产品、生产率等相关的指标。创新类型主要是对创新属于探索式的全新开拓还是属于对已有技术的开发应用进行的区分。具体来看常用的创新度量角度如表 2-1 所示。

---

① 创新除了带来与创新直接相关的影响，还会进而带来企业财务业绩和市场价值的提升，在前文并购的经济后果中已有论述。

表 2-1 常用的创新活动度量角度和指标

角度	具体度量方式	有关文献
创新投入	研发强度（研发费用占总资产的比例或研发费用占销售收入的比例）	黄俊和陈信元，2011 O'Connor 和 Rafferty，2012 Phillips 和 Zhdanov，2013 郝颖等，2014 唐跃军和左晶晶，2014 Faleye 等，2014 权小锋和尹洪英，2017
	技术人员数量及比重	陈玉罡等，2015
创新产出	拥有专利数量	O'Connor 和 Rafferty，2012
	专利引用次数	O'Connor 和 Rafferty，2012 Aghion 等，2013 Tian 和 Wang，2014 Faleye 等，2014 郝项超等，2018 孟庆斌等，2019
	专利申请数	Lerner 等，2011 Faleye 等，2014 陈玉罡等，2015 王永钦等，2018 孟庆斌等，2019
	专利授予数	Lerner 等，2011 权小锋和尹洪英，2017 孟庆斌等，2019
	专利研发效率（本年专利申请数量与上年研发投入之比）	赵晶等，2019
	新产品销售收入	郑江淮和张玉昌，2019
	全要素生产率	王永钦等，2018
创新类型	探索式和开发式市场创新（调查数据）	张峰和邱玮，2013

二、创新的影响因素

影响企业创新的因素包括宏观、微观的多个角度（Belloc，2013；

Hsu 等，2014）。

（一）宏观因素

在宏观层面上，已有研究从知识产权保护（Cull 和 Xu，2005）、产业政策（余明桂等，2016）等角度展开分析，本节将其归纳为政治法律环境、经济环境、社会文化环境三部分（见表 2－2）。

表 2－2 影响创新的主要宏观要素

研究角度	主要结论	有关文献
政治法律环境	知识产权保护有利于创新	Cull 和 Xu，2005 Branstetter 等，2006 吴超鹏和唐菂，2016
	知识产权保护不利于创新	Pathak 等，2013
	增强劳动保护能够促进企业创新	倪骁然和朱玉杰，2016
	群团改革提升了企业创新能力	赵晶等，2019
经济环境	政府的研发资助有利于创新	解维敏等，2009 白俊红和李婧，2011 钟凯等，2017
	产业政策促进企业创新	余明桂等，2016 黎文靖和郑曼妮，2016
	货币紧缩加剧了创新企业的融资约束	钟凯等，2017
	经济政策不确定性促进创新	顾夏铭等，2018
	市场需求对创新的作用弱于企业层面特征	Woertera 和 Roper，2010
社会文化环境	海洋文化有利于企业创新	赵子乐和林建浩，2019
	媒体负面报道数量与企业创新显著负相关	杨道广等，2017

（二）微观因素

在微观层面，创新主要取决于公司治理机制影响下的决策（Belloc，

2012；陈昆玉，2015）。本节选择其中较为重要的股权特征、董事会与高管特征、公司章程、控制权市场、政治关联等方面加以总结梳理（见表2－3）。

表2－3　影响创新的各项治理要素

研究角度	主要结论	有关文献
股权特征	控股股东为国有企业更具有创新性	李春涛和宋敏，2010 李政和陆寅宏，2014
	控股股东为家族或自然人的企业具有创新性	周亚虹等，2012 吴延兵，2012 唐跃军和左晶晶，2014
	机构投资者对创新有正效应	冯根福和温军，2008 付雷鸣等，2012 Aghion 等，2013 Tian 和 Wang，2014 Celikyurt 等，2014
	股权适度集中对创新投入有利	Holmstrom，1989 赵洪江等，2008 唐跃军和左晶晶，2014
	混合所有制促进了国有企业研发投入	解维敏，2019
	员工持股有利于企业创新	Chang 等，2015 孟庆斌等，2019
董事会与高管特征	独立董事促进创新	冯根福和温军，2008 胡元木，2012 Lu 和 Wang，2015
	CEO 的薪酬激励促进创新	李春涛和宋敏，2010 徐宁和徐向艺，2012 李玲和陶厚永，2013 刘华芳和杨建君，2014
	CEO 职业经历有利于创新	何瑛等，2019
	高管兼职有利于创新，但不能过度自信	Faleye 等，2014 胡明霞，2015
	薪酬差距对创新产出存在正向影响	孔东民等，2017

续表

研究角度	主要结论	有关文献
公司章程	反收购条款有利于创新	Chemmanur 和 Tian，2018
控制权市场	控制权市场迫使公司不断创新	Barden，2012 Phillips 和 Zhdanov，2013
政治关联	政治关联阻碍了企业创新活动，反腐败提高了创新激励	袁建国等，2015 党力等，2015

第三节 并购与创新的关系研究

一、并购与创新的研究概况

并购和创新的相关研究近年来越来越受到关注。本节使用 SATI（文献题录信息统计分析工具）分析了 2000 年至 2016 年与并购和创新同时相关的中英文文献①，自动提取其摘要中的核心词汇，按照出现的频次绘制了分布图（见图 2－1、图 2－2），图中**更大的圈和较黑**的线表示对相关主题的研究较多。为了避免“并购”“创新”这两个词语本身出现次数较多而成为最大的点和最粗的线，弱化了这个领域中研究问题的细分，本节在绘图时没有提取这几个词。本节根据图 2－1、图 2－2 对文献进行了细致阅读，发现我国文献更多关注了跨国并购、技术并购等对创新的影响，英文文献关注了行业影响、并购后的创新业绩等。

① 从 2000 年至 2016 年，中文选取了全部 CSSCI 刊物，关键词包括“并购、创新”等相关的论文有 615 篇（如果选取国家自然基金委管理科学部指定的三十种重要学术期刊以及《经济研究》《经济学季刊》，则仅有不到 50 篇）。英文选取了 Web of Science 的 SCI、SSCI 等各项子数据库，同期论文有 692 篇。

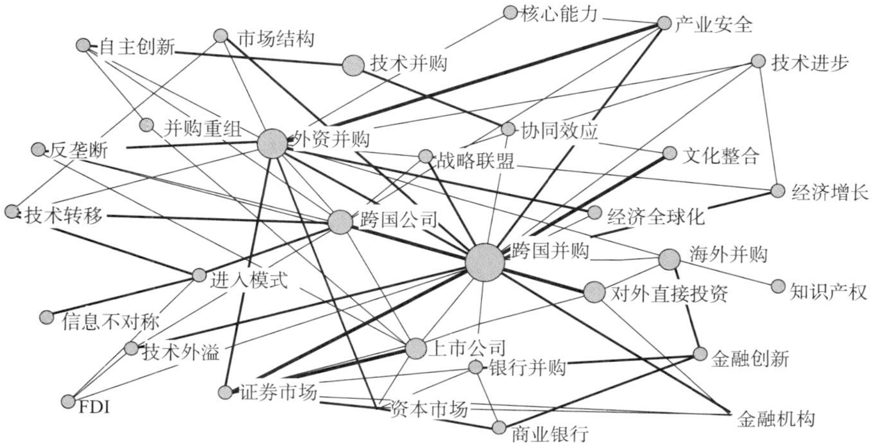

图 2－1 2000—2016 年相关中文文献分布图

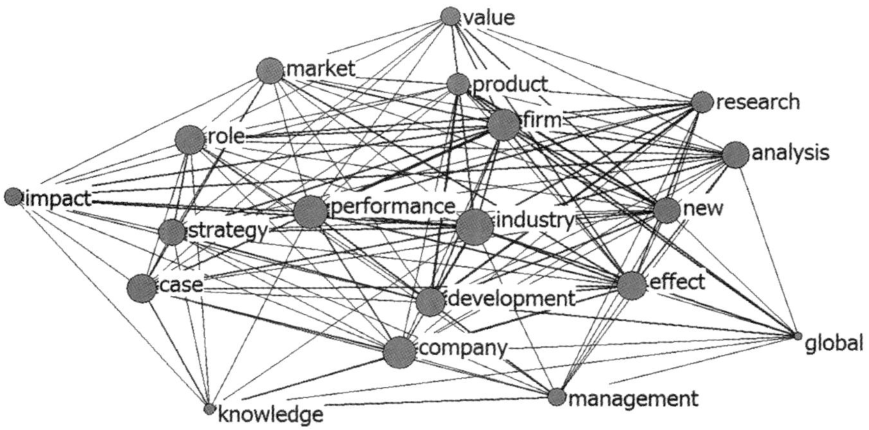

图 2－2 2000—2016 年相关英文文献分布图

二、不同视角下并购与创新的关系

（一）资源协同视角

从资源协同的角度来看，企业发展的创新动力很可能产生于企业外部，故步自封将隐藏很多潜在风险，并购带来的新鲜力量可以为公司创新提供更加丰富的“营养”（Prabhu 等，2005；于开乐和王铁民，2008）。并购后双方的研发和技术可以优势互补发挥协同效应促进创新（Bena 和 Li，2014）。已有研究围绕技术并购展开了有关研究，发现技术并购目的明确，实现后可以提高主并方的创新水平（Sun，2014），进而提高企业绩效（温成玉和刘志新，2011）。需要注意的是，提升创新绩效不能单纯依靠内部开发或技术并购（Puranam 等，2006），还需要发挥协同效应（唐清泉和巫岑，2014）。

（二）资源竞争视角

从资源竞争的角度来看，并购占用大量资金，使公司忽视内部研发投入（Hitt 等，1991a），核心员工在并购后可能选择离职（Ernst 和 Vitt，2000），公司多元化会占用管理者的时间并影响风险偏好（Hitt 等，1991a），等等，所以并购可能是扼杀公司通过内部研发实现自主创新的“毒药”。有研究发现，非技术并购对后续的创新没有明显正向影响（Ahuja 和 Katila，2001）。跨国并购后，主并方在国内的研发支出增加，但降低了目标方的研发投入，也并未表明带来了技术转移（Stiebale 和 Reize，2011）。陈玉罡等（2015）也发现虽然外资并购显著促进目标公司的科技研发人员数量增加，却未能对目标公司的研发强度和专利申请数提升产生显著影响。

第三章
并购的创新动因与影响因素

第一节　并购的不同动因

一、并购实务中的传统动因与创新动因

（一）传统动因

世界历史上发生过多次并购浪潮。19 世纪末 20 世纪初美国的企业并购多以同行业并购为主，也就是通常所说的横向并购，其结果是通过释放规模效应形成了很多行业内的大型企业。随着美国反托拉斯法趋严，20 世纪 20 年代的并购转向纵向并购。在 20 世纪 60 年代时，倾向于分散风险的多元化并购成为主导。此后的杠杆并购、跨国并购等又在相应历史背景下成为热点。这些并购中相当一部分的核心目的在于追求协同效应

（Nielsen 和 Melicher，1973）、缓解代理问题（Manne，1965；Jensen，1986）等。在目前的市场中，整合业务、扩大市场等仍是重要的并购动因。

以美的集团为例，2018 年 10 月 24 日，美的集团（股票代码 000333）发布公告称，拟以发行 A 股方式，换股吸收合并小天鹅（股票代码 000418），交易价格为 143.83 亿元。小天鹅与美的集团的交集源于 2008 年。当时美的集团以 16.8 亿元收购了小天鹅 24.01% 的股权，成为实际控制人。此后经过十年的资本运作，美的集团直接和间接持有小天鹅 A 和小天鹅 B 的股权比例上升至 52.67%。由于两公司都涉及洗衣机等家电业务，存在潜在的同业竞争、关联交易等问题，通过此次吸收合并，将实现业务优势整合、发挥协同效应。本次换股吸收合并完成后，小天鹅将终止上市并注销法人资格，由美的集团承接小天鹅全部资产、负债、业务、人员、合同及其他一切权利与义务。根据中国家用电器研究院发布的《2018 洗衣机行业白皮书》，2018 年 1—6 月，美的集团和小天鹅的洗衣机市场份额总和可以达到 26.5%，虽然仍然低于青岛海尔的 30.5%，但进一步缩小了差距，并形成对西门子、松下等市场份额占比不足 10% 的公司的明显优势。

（二）创新动因

在并购的发展历史中，技术革命引发的产业升级一直是一个重要的推动力，但主并方并不一定以获取目标方的技术为主要目标。随着知识经济的飞速发展，以及全球化趋势下企业竞争的不断加剧，创新发展越来越成为公司获得并保持核心优势的关键。尤其是近年来大数据、人工智能等方面的进步，使得通过自身力量研发实现内部创新的同时，通过并购快速整合外部的创新资源和能力也成为并购的重要动因（Zhao，2009；Bena 和 Li，2014）。

苹果公司 2018 年收购了位于德国的芯片制造商 Dialog Semiconductor 的部分资产，包括该公司的部分电源管理芯片技术、300 名工程师。这次收购总价值达到 3 亿美元现金，苹果公司还承诺将向该公司的产品再投入 3 亿美元，以带来更多自制芯片设计。2018 年，阿里巴巴集团耗资 50 亿元人民币控股物联网芯片商乐鑫信息，并宣布全资收购杭州中天微系统有限公司，但收购金额并未对外披露。乐鑫信息是全球第二大 Wi－Fi 芯片商，以其低功耗的 Wi－Fi 芯片和蓝牙芯片知名全球。杭州中天微系统有限公司主要从事32位高性能低功耗芯片研发，面向多媒体、安防、家庭、交通、智慧城市等领域，全球累计出货超过7亿颗芯片。此外，阿里巴巴集团还投资了寒武纪等5家芯片公司，在芯片领域的战略布局已初具规模。

二、创新动因的确定与数据获取

在全球产业向创新驱动转型以及中国经济进入“新常态”的大背景下，企业的发展必须转向创新驱动。创新既可以来自于企业内部的研发投入，也可以来自并购外部对象（Cassiman 和 Veugelers，2006；Xue，2007；唐清泉和巫岑，2014；陈玉罡等，2015）。

对于并购决策者来说，技术创新是公司并购的重要驱动因素（Zhao，2009；Bena 和 Li，2014）。专利作为创新资源中的一种，通常是企业并购所需要获取的目标。主并方会根据自身专利水平选择具有互补性的并购目标（Wagner，2011），而且此类并购可以进一步提高主并方的创新水平（Sun，2014），进而提高企业绩效（温成玉和刘志新，2011）。但应该注意的是，以创新为重要驱动因素的并购活动并不仅局限于技术并购。以生产复合肥为主要产品的芭田股份（股票代码002170）为例，公司2014年通过发行股份和支付现金的方式购买了阿姆斯（股票代码430115）100%的股权，获得该公司核心产品微生物菌剂和肥料。因此，根据 Ayyagari 等（2011）对创新的界定，本书将并购的创新动因定义为：以获取领先的新产品、新技术、新工艺、新生产流程、研发团队等为目的进行的并购。

为了获得相应的创新动因数据，课题组成员首先从国泰安数据库和 BVD—ZEPHYR 全球并购交易分析库[①]获取了2011—2016年的全部并购

---

① 该数据库是国际并购研究领域知名的分析库，该数据库包含全球并购（M&A）、首次公开发行（IPO）、机构投资者收购（IBO）、管理层收购（MBO）、股票回购（Share Buyback）、杠杆收购（LBO）、反向收购（Reverse Takeover）、风险投资（VC）、合资（JV）等交易的最新信息，并涵盖亚太地区及中国的交易记录。

数据。接下来，从基本数据中筛选出以我国上市公司为主并方、交易价格在 1000 万元以上，并且并购后对目标企业的控制权超过 50% 的并购样本。课题组手工搜集了这些并购事件的首次并购公告和相关重大事项公告，对并购目的、目标方简介等内容以“创新”“技术”“新产品”“研发”等关键词进行搜索，并阅读关键词前后相关内容甄别确定该并购是否为创新动因。例如，天和防务（股票代码 300397）在 2016 年 11 月 4 日发布的公告中介绍了并购的交易目的，通过搜索关键词可以找到“研发”（如图 3－1 所示），然后阅读关键词前后的具体文字，可以发现公司明确说明本次交易目的在于“增强公司在材料领域的研发能力”，可以判断其并购动因在于获得创新能力。

六、本次交易的目的和对公司的影响

（一）本次交易的目的

1. 本次交易的实施能够增强公司在材料领域的研发能力。铁氧体材料是公司从事的雷达、通讯业务领域较为核心的功能材料，在相关领域有广泛的应用。本次收购的南京彼奥公司是国内主要的铁氧体材料供应商，在移动通信设备领域市场占有率超过 60%，拥有较为完善的研发能力，可以与公司在超材料及通讯器件领域的产业布局产生较强的协同效应，有利于提升公司对客户需求的反应速度，有利于提高公司产品与技术的研发效率，有利于推动公司布局的各项先进技术的产业化进程。

图 3－1　天和防务并购目的描述

为了尽量避免人工判断的误差，对每条样本均采用三人背对背判断，判断一致则确定该样本的并购动因，不一致则追加评判人，重新判断。具体的样本数量和赋值情况将在后续章节涉及数据情况时详细介绍。

第二节　行业背景、竞争程度与并购的创新动因

一、引言

习近平总书记在“十九大”报告中指出，我国经济已由高速增长

阶段转向高质量发展阶段，建设现代化经济体系、加快建设创新型国家是我国发展的战略目标。在这样的大背景下，企业的发展必须转向创新驱动。创新既可以来自于企业的自主研发，也可以来自并购外部对象。主并方出于创新动因开展并购能够进一步提高创新水平，进而提高企业绩效（温成玉和刘志新，2011）。传统的并购动因（Manne，1965；Nielsen 和 Melicher，1973）更多考虑企业自身特点，较少专门研究行业因素。但作为企业生存和发展的重要环境，行业特征与企业活动密切相关。不同行业的竞争程度和价值创造模式存在较大差异（陈志斌和王诗雨，2015），这必然影响公司创新时的路径选择。行业竞争激烈时，巨大的压力将迫使公司不断创新（Sapra 等，2014）。那么，企业并购时对创新动因的偏好是否因行业背景和竞争程度的差异而不同呢？

本节以 2011—2016 年的并购事件为样本对上述问题进行了分析验证，研究发现：

（1）高新技术行业的企业更倾向于选择创新动因的并购；

（2）行业竞争程度与创新动因的并购决策之间呈现倒 U 形关系；

（3）同时考虑行业背景和竞争程度时，高新技术行业的竞争程度与创新动因的并购间不存在明显规律性关系，传统行业的竞争程度与创新动因的并购的倒 U 形关系显著。

二、理论分析与研究假设

（一）行业背景对于并购动因的影响

不同行业在垄断程度（Bikker 和 Haaf，2002）、技术密集程度（刘海云和唐玲，2009）等方面存在显著差异，这些差异对行业内企业的各项决策将产生差异化作用（Howe 和 Shen，1998；鲁桐和党印，2014），创新决策也不例外。在不同的行业中，近年来属于高新技术领域的行业无疑受到了空前关注。在经济全球化加速发展与深入推进可持续发展的背景下，高新技术行业的发展显得至关重要，甚至成为一国科技创新水平和创新能力的重要标志。高新技术行业具有高投入性、高外部性、高成长性、高创新性、高收益性和高风险性等特征，因此对效率和研发高度依赖（张维迎等，2005），无形资产投入强度明显高于传统行业，主要依靠技术、知识的投入促进企业发展。相比而言，传统行业科研实力弱，劳动力和资金是主要的生产因素，无形资产投入强度小，技术创新需求低（池国华等，2016），主要依靠固定资产促进企业发展（赵玉林和朱晓海，2006）。

诚然自主创新是高新技术企业保持领先优势的重要途径，但考虑到高新技术企业的自主研发无法避免研发周期较长、成本较高、风险较大等问题（Dzikowski，2015），所以寻求外部知识源不可忽视（侯建和陈恒，2017）。并购可以降低新产品开发成本，加快进入市场的速度，我国高新技术行业发展中技术外取对创新绩效的影响力远高于自主创新（支燕和白雪洁，2012）。可见当高新技术行业的企业试图获取外部创新能力时，其并购活动必然是创新的重要源泉。

因此，本节提出假设：

假设3-1：相比一般行业，高新技术行业的企业更倾向于出于创新动因进行并购。

（二）行业竞争程度对并购动因的影响

经济全球化和激烈的市场竞争促使公司重视创新来满足市场需求（Bone 和 Saxon，2000；李青原和王永海，2006；许罡和朱卫东，2017）。然而，由于创新带有一定的风险性，企业在创新决策中格外谨慎，产品市场竞争是企业需要考虑的重要因素（何玉润等，2015）。

已有研究对于市场竞争影响企业创新活动有两种解释，即熊彼特效应和逃离效应。根据熊彼特效应（Sehumpeter，1950），竞争会减少企业的超额利润，并且竞争越激烈，创新成果被模仿或替代的可能性越大（Grossman 和 Helpman，1991），因此从创新资源投入和创新动机上都降低了创新的可能。根据逃离效应（Arrow，1962；Nickell 和 Nicolitsas，1996），竞争是促进企业进行创新进而逃离竞争的内在激励动力。企业通过研发新产品、新技术，可以实现产品差异化或降低成本，提升企业业绩（Nickell 等，1996），避免企业在竞争中处于劣势。综合考虑熊彼特效应与逃离效应，Aghion 等（2005）认为竞争与创新具有非线性关系。

出于创新动因的并购作为企业获取创新能力的重要途径，其决策动机同样受到行业竞争情况的深刻影响。在不同市场化发展阶段以及竞争状态背景下，熊彼特效应和逃离竞争效应两种力量相互博弈（张杰等，2014）。在行业竞争程度较低时，随着行业竞争程度的增加，逃离效应居于主导地位，企业选择通过并购获取创新资源和能力进而获取竞争优势的概率增大。但当竞争超过某一临界值，即行业竞争向过度竞争方向发展时，熊彼特效应显现，企业进行以创新为导向的并购的概率降低。

因此，本节提出假设：

假设 3－2：行业竞争程度与创新动因的并购决策之间存在倒 U 形关系。

（三）行业背景与竞争程度二者共同作用下并购动因的选择

假设 3－1、假设 3－2 的提出各自基于行业背景和竞争程度，那么同时考虑行业背景与竞争程度时会发生什么情况呢？由于高新技术行业与一般行业的技术进步路径存在差异（余泳泽和刘大勇，2013），所以面对竞争时也会做出不同的选择。

高新技术行业企业的绩效更依赖于知识资本（张芸等，2009），所以高新技术行业企业的创新动力更强，熊彼特效应无法占据主导地位。根据假设 3－1，高新技术行业的企业在并购决策中更倾向于出于创新动因引入创新资源，这不会由于行业竞争的不同而发生改变。与此同时，高新技术企业的自主创新能力更强，自主研发的投入产出弹性最大（文玉春，2017），内部创新作为一种“缓冲”或“弥补”机制，可以更好地应对行业竞争的冲击，对竞争程度的变化显示出稳定性或不敏感性。

反观传统行业，适宜采用技术引进、模仿性创新再到自主创新的“渐进性”技术进步路径。创新对于传统行业企业的发展并非不可或缺，在过度竞争的市场压力下，经营者为维持经济收益并使企业在股票市场上具有良好的表现，不会对创新给予足够的重视（李健等，

2016)。而当逃离效应占据主导地位时，企业更加看重创新带来的竞争优势，但囿于内部资源有限，传统行业企业会出于创新目的作出并购决策获取创新资源和能力。

因此，本节提出假设：

假设3-3：高新技术行业中，行业竞争程度与创新动因的并购不存在明显的规律性关系；传统行业中，行业竞争程度与创新动因的并购决策呈显著倒U形关系。

三、研究设计

（一）样本选择

本节以2011—2016年沪深两市A股上市公司为主并方的并购事件作为样本，剔除金融业、所有ST、*ST的公司和考察特征变量存在缺失数据的样本，最后得到了2074个公司年度样本。

（二）变量定义

1. 并购动因（IDMA）

根据Ayyagari等（2011）对创新的界定，本节对研究期间内2074个样本的并购公告进行了手工分析，通过抓取关键词（新技术、新产品、研发团队等）的形式，判断并购是否属于创新动因，出于创新动因进行并购的样本取值为1，否则取值为0。

2. 行业背景（Company）

本节依据2016年国务院确定的《国家重点支持的高新技术领域》规定的行业范围，确定属于高新技术企业的样本取值为1，其他样本取值为0。

3. 行业竞争程度（HHI）

本节采用赫芬达尔指数（HHI）来代表行业的竞争程度的大小（Haushalter等，2007；韩忠雪和周婷婷，2011），其计算模型为3-1：

$$HHI = \sum \left(\frac{X_i}{\sum X_i} \right)^2 \quad (3-1)$$

其中 X_i 为行业中公司 i 的销售额。赫芬达尔指数（HHI）越小，说明行业内具有相同产出水平的公司越多，行业竞争程度越激烈。本节根据行业前三位代码将样本分为 29 个行业，计算出每个行业的 HHI 指数。

4. 控制变量

根据有关研究（李善民等，2009；张杰等，2014），本节将公司规模（Size）、总资产收益率（ROA）、公司性质（SOE）、股权集中度（First5）、成长性（Growth）等作为控制变量。

以上各变量的定义如表 3－1 所示。

表 3－1　变量定义

变量名称	变量符号	变量定义
并购动因	IDMA	创新动因的并购取值为 1，其他并购取值为 0
行业背景	Company	高新技术行业企业取值为 1，其他取值为 0
行业竞争程度	HHI	行业内企业营业额占行业总营业额百分比的平方和
总资产收益率	ROA	并购事件发生前一年净利润/总资产
公司规模	Size	企业总资产的自然对数
两职合一	Dual	董事长和总经理是否兼任，兼任样本取值为 1，否则为 0
董事会规模	Board	董事会人数
管理层持股	Manager	并购事件发生前一年管理层持股数量/公司总股数
国有股比例	State	并购事件发生前一年国有股数量/公司总股数
股权集中度	First5	并购事件发生前一年前五大股东持股比例和
股权制衡度	Zscore	并购事件发生前一年第一大股东持股数量/第二大股东持股数量
公司性质	SOE	最终控制人为国有的样本取值为 1，其他取值为 0
成长性	Growth	企业并购前一年主营业务收入增长率
资产负债率	LEV	企业并购前一年总负债/总资产
股权激励	Incentive	企业并购时处于股权激励有效期的样本取值为 1，否则为 0
年度	Year	年度虚拟变量

（三）模型构建

为了验证假设3－1和假设3－2，本节构造了模型3－2。为验证假设3－3，将对模型3－2以行业背景分组进行回归分析。

$$\text{Logit}(\text{IDMA}) = \alpha_0 + \alpha_1 \text{Company} + \alpha_2 \text{HHI} + \alpha_3 \text{HHI}^2 + \sum \text{Controls} + \varepsilon \qquad (3-2)$$

四、实证结果

（一）描述性统计

本节首先将样本根据并购动因进行分组统计，表3－2中给出了主要变量的统计结果。根据表3－2，选择创新动因的企业中，属于高新技术行业的占比为78%，非创新动因并购的企业中，属于高新技术行业的占比60%。由于HHI指数的数值与行业竞争程度相反，所以进行创新动因并购的企业面临的竞争（0.11）略高，绩效也略高，但规模略低。进行创新动因并购的企业管理层持股比例、实施股权激励的企业占比均高于一般并购的企业。

表3－2 不同动因并购的特征对比

	样本量	均值	标准差	最小值	中位数	最大值
Panel A 创新动因的并购						
Company	741	0.78	0.41	0.00	1.00	1.00
HHI	741	0.11	0.17	0.02	0.05	0.85
ROA	741	0.05	0.05	－0.13	0.05	0.21
Size	741	21.64	1.02	14.94	21.59	25.18
Manager	741	0.18	0.23	0.00	0.03	0.75
Incentive	741	0.27	0.45	0.00	0.00	1.00

续表

	样本量	均值	标准差	最小值	中位数	最大值
Panel B 非创新动因的并购						
Company	1333	0.60	0.49	0.00	1.00	1.00
HHI	1333	0.13	0.19	0.02	0.05	0.85
ROA	1333	0.04	0.05	-0.13	0.04	0.21
Size	1333	22.09	1.25	18.22	21.96	27.96
Manager	1333	0.10	0.18	0.00	0.00	0.75
Incentive	1333	0.16	0.38	0.00	0.00	1.00

接下来本节以假设3-1为基础，将样本按是否属于高新技术行业进行描述，表3-3中给出了主要变量的统计结果。在高新技术行业组中，创新动因并购的样本占比为42%，而传统行业组为23%，与假设3-1一致。高新技术行业的竞争程度（0.09）平均看来高于传统行业（0.19）。高新技术行业ROA均值（5%）略高于传统行业（4%）。高新技术行业企业平均规模小于传统行业，管理层持股比例、实行股权激励的比例高于传统行业。

表3-3　不同行业企业的特征对比

	样本量	均值	标准差	最小值	中位数	最大值
Panel A 高新技术行业						
IDMA	1377	0.42	0.49	0.00	0.00	1.00
HHI	1377	0.09	0.15	0.02	0.04	0.85
ROA	1377	0.05	0.05	-0.13	0.05	0.21
Size	1377	21.75	1.10	14.94	21.65	26.85
Manager	1377	0.16	0.22	0.00	0.01	0.75
Incentive	1377	0.23	0.42	0.00	0.00	1.00
Panel B 传统行业						
IDMA	697	0.23	0.42	0.00	0.00	1.00
HHI	697	0.19	0.23	0.04	0.07	0.77
ROA	697	0.04	0.05	-0.13	0.03	0.21

续表

	样本量	均值	标准差	最小值	中位数	最大值
Size	697	22.27	1.28	18.59	22.10	27.96
Manager	697	0.07	0.16	0.00	0.00	0.68
Incentive	697	0.14	0.35	0.00	0.00	1.00

（二）回归分析

表3－4中第1列显示，Company在1%的水平下显著为0.747，表明高新技术行业企业在并购时更加倾向于选择创新性的标的，验证了假设3－1。HHI的一次项、二次项系数均在10%水平下显著，分别为1.695和－2.203，支持了行业竞争程度与并购的创新动因之间的倒U形关系。第2、3列的分组回归结果显示，在高新技术行业中，行业竞争程度对于创新动因并购的规律性影响消失，并购决策比传统行业更稳定。传统行业的并购决策则对行业竞争程度更加敏感，随着竞争激烈程度的提高，企业更加偏好选择创新动因，但当竞争超过一定程度时，则这种偏好开始下降，整体呈现倒U形关系。

表3－4 回归结果

变量	假设3－1、假设3－2全样本	假设3－3高新技术行业组	假设3－3传统行业组
Company	0.747*** (6.35)		
HHI	1.695* (1.66)	－0.146 (－0.12)	5.621*** (3.05)
HHI^2	－2.203* (－1.69)	－0.046 (－0.03)	－6.871*** (－2.96)
ROA	1.679 (1.46)	2.105 (1.58)	0.296 (0.12)
Size	－0.223*** (－3.99)	－0.248*** (－3.74)	－0.174 (－1.63)
Dual	0.198* (1.71)	－0.009 (－0.07)	0.932*** (3.89)

续表

变量	假设 3－1、假设 3－2 全样本	假设 3－3 高新技术行业组	假设 3－3 传统行业组
Board	－0.071** (－2.21)	－0.068* (－1.77)	－0.110* (－1.69)
Manager	0.758*** (2.65)	0.931*** (2.94)	－0.639 (－0.87)
State	－1.399** (－2.48)	－1.384** (－1.98)	－1.645 (－1.56)
First5	0.005 (1.28)	0.001 (0.15)	0.017** (2.41)
Zscore	0.002 (0.82)	0.002 (0.71)	－0.001 (－0.19)
SOE	0.707*** (3.16)	0.746*** (2.59)	0.696* (1.73)
Growth	－0.111 (－1.26)	－0.084 (－0.72)	－0.153 (－0.86)
LEV	0.059 (0.18)	0.173 (0.43)	－0.578 (－0.96)
Incentive	0.283** (2.19)	0.181 (1.24)	0.681** (2.36)
Year	控制	控制	控制
Constant	4.366*** (3.88)	5.984*** (4.38)	2.600 (1.29)
N	2 074	1 377	697
Pseudo R^2	0.086	0.051	0.122

注：***、**、*分别表示在1%、5%、10%的水平下显著。

（三）稳健性检验

Nickell 等（1996）认为主营业务利润率可以看作企业的“垄断租金”，而垄断租金越高，则意味着产品在市场上的垄断性越高，产品市场的竞争程度就越弱，反之亦然。根据这一思路，朱武祥和郭洋（2003）使用一个行业内企业主营业务利润率的标准差来衡量行业的竞争程度，标准差越大，则代表行业内企业的差别程度越大，竞争程度越小；若标准差越小，则代表行业内企业的差别程度较小，行业内竞争程度越大。因此本节将主营业务利润率的标准差（Standard）作为不同于HHI的另一个衡量行业竞争程度变量。

同时，本节将企业行业特征的分组回归改变为在模型中加入高新技术行业企业（Company）与竞争程度（Standard）的交乘项，来观察行业特征所起的调节作用，即将模型3-2调整为模型3-3。

$$\text{Logit}(\text{IDMA}) = \alpha_0 + \alpha_1\text{Company} + \alpha_2\text{Standard} + \alpha_3\text{Standard}^2 + \alpha_4\text{Standard} \cdot \text{Company} + \sum \text{Controls} + \varepsilon \quad (3-3)$$

根据表3-5中第1列的结果，行业竞争程度（Standard）依然与并购动因呈倒U形关系，第2列中交乘项系数显著为正，说明高新技术行业中这种结果更为明显，与前文结论一致。

表3-5 稳健性检验结果

变量	(1)	(2)
Company		-0.022 (-0.06)
Standard	7.962* (1.81)	5.787 (1.29)
Standard^2	-19.715* (-1.66)	-27.602** (-2.15)
Standard · Company		5.092** (2.03)
ROA	1.445 (1.28)	1.355 (1.18)
Size	-0.239*** (-4.37)	-0.215*** (-3.90)
Dual	0.208* (1.84)	0.194* (1.68)
Board	-0.063** (-2.04)	-0.071** (-2.20)
Manager	0.802*** (2.84)	0.745*** (2.59)

续表

变量	(1)	(2)
State	-1.294** (-2.27)	-1.472** (-2.57)
First5	0.005 (1.38)	0.005 (1.38)
Zscore	0.002 (0.69)	0.002 (0.89)
SOE	0.649*** (2.92)	0.725*** (3.23)
Growth	-0.101 (-1.18)	-0.106 (-1.17)
LEV	-0.176 (-0.55)	0.046 (0.14)
Incentive	0.321** (2.52)	0.279** (2.15)
Year	控制	控制
Constant	4.636*** (3.95)	4.063*** (3.37)
N	2074	2074
Pseudo R^2	0.071	0.087

注：***、**、*分别表示在1%、5%、10%的水平下显著。

五、结论与建议

（一）研究结论

并购带来的新鲜力量可以为公司创新提供更加丰富的“营养”（Prabhu等，2005），在我国创新战略的引领之下，发挥并购的推动作用日益重要，但不同行业和不同竞争程度将使企业的并购决策呈现出差异化的动因。因此，本节聚焦行业特征与并购创新动因的关系，从主并方的角度出发，分析行业背景、竞争程度等因素对并购动因的影响。本节通过对我国 2011—2016 年 A 股市场发生的 2074 个并购事件进行分析，得到以下结论：

（1）高新技术行业中的企业更倾向于出于创新动因进行并购。高新技术企业的自主研发无法避免研发周期较长、成本较高、风险较大等问题，并购的协同创新效果可以降低创新风险，提高创新效率。

（2）行业竞争程度与创新动因的并购决策呈现倒 U 形关系。当行业竞争程度提高时，企业会倾向于进行创新动因的并购获取外部创新，进而谋取企业的突破，但这种作用会在竞争程度达到拐点后发生改变，即行业竞争程度加剧会抑制企业通过并购获取创新优势。这是熊彼特效应和逃离效应两种博弈力量相互作用的结果。

（3）行业竞争程度与创新动因并购决策的倒 U 形关系在传统行业中更为突出。由于高新技术行业的创新动力和压力更强，而且自身具有良好的创新途径，形成了一定的缓冲机制或弥补机制，使得其并购决策与行业竞争程度不存在明显的规律性关系。但是传统行业自身创新能力较低，企业创新的实现多依赖于外部引入，因此对外部竞争程度的波动更为敏感。

（二）政策建议

根据以上结论，本节提出如下建议：

（1）对不同行业、不同动因的并购活动加以合理引导和有效监管。由于创新动因并购的选择存在明显的行业特征，为加速建成创新型国家，在保持对高新技术行业的各项支持政策的同时，有必要对传统行业的创新动因并购进行鼓励，促使它们获取外部创新资源，及时提高企业的技术水平，形成多行业创新发展的局面。

（2）鼓励正常的市场竞争，建立符合行业需要的进入和退出机制。由于行业竞争程度与企业的创新动因并购呈倒 U 形关系，一方面应进一步提高非国计民生重要行业的市场化水平，通过有序竞争促进企业基于创新动因进行并购，另一方面对于一些产能过剩趋于恶性竞争的行业，则应加以适度调节，建立正常的破产、退出机制，以正常的行业竞争水平激发和保持企业的创新动力。

第三节　企业战略、股权结构与并购的创新动因

一、引言

在全球化不断深入发展和我国经济进入“新常态”的大背景下，企业的发展必须转向创新驱动。创新既可以来自于企业自身的研发投入，也可以来自并购外部对象（Cassiman 和 Veugelers，2006；Bena 和 Li，2014；王宛秋和马红君，2016）。近年来企业越来越注重借助并购获取相关的技术与知识资产，以获取技术创新能力（Zhao，2009；Bena 和 Li，2014），这种情况有别于通过并购获取规模效应、降低成本等传统并购动因，本书将其界定为并购的创新动因。虽然通过并购获取创新能力对企业有益，但并非所有企业都偏好创新动因的并购，这与企业的发展战略密切相关。

企业战略的分类有各种不同角度（Porter，1980；March，1991），Miles 和 Snow（2003）根据战略的激进程度将其分为探索型战略、分析型战略和防御型战略三类。其中，探索型战略往往更倾向于发掘新产品和新市场机会，以便在激烈的市场环境下保持领先地位（孙健等，2016）；防御型战略则注重现有的产品和市场，通过价格、服务和产品质量来稳定市场份额；而分析型战略则处于以上两种战略之间。由于不同战略对创新的需求不同，主并方在不同战略类型下会对自身与目标方的创新水平做出不同程度的考虑，影响其目标选择和过程实施（Wagner，2011）。进一步来看，企业的战略决策和并购决策均体现了以大股东为主导的利益博弈（杨林，2014；Chen 等，2014），股权集中程度（陈健等，2009；王垒等，2018）、机构投资者（金纬，2013；Chen 等，2014）方面的特征都被证实具有重要影响。与此同时，企业性质也在我国目前经济生活中扮演了重要角色，不同性质的企业在战略、运营、效率等方面差异巨大（Wang 等，2008；吴延兵，2012）。

虽然现有文献从战略类型以及股权结构角度研究并购问题的较多，但主要集中在探讨战略类型和股权结构对并购经济后果的研究（Agrawal 等，1992；李善民和周小春，2007；Seru，2014），涉及并购动因的较少。此外，并购动因的研究多聚焦在追求规模效应、缓解代理问题和实现战略多元化等方面，对新经济环境中并购的创新需求却缺少论证。

本节选择 2011 年至 2016 年期间的 2869 个并购交易为样本，以主并方为研究对象，讨论主并方战略类型对并购动因的影响，并探究股权集中程度、企业性质和机构投资者持股比例在战略类型与创新动因并购决策中的调节效应。本节发现：

（1）采取探索型战略的公司更偏好创新动因的并购；

（2）在股权集中程度高、非国有企业、机构投资者持股比例高的公司中，这一偏好更加明显。

二、理论分析与研究假设

（一）主并方的战略类型对并购动因的影响

企业的不同战略选择决定了各方面的重大决策，并购和创新也不例外（李彬和潘爱玲，2015）。Miles 和 Snow（2003）根据战略激进程度由高到低将公司的战略分为探索型、分析型和防御型三类，在已有研究中得到了广泛应用（Bentley 等，2013；刘行，2016；孙健等，2016）。采取探索型战略的公司，面对经营和竞争环境的不确定性时，属于风险偏好者，希望成为引领者，因此不断开发新产品，抓住新的市场机会，关注研发与营销。相对而言，采取防御型战略的公司更加安于现状，通常是行业的追随者。采取分析型战略的公司介于前两者之间。本节主要研究采取探索型战略和防御型战略的公司。

以创新为重要驱动因素的并购活动也已经引起了学者们的关注（Zhao，2009；Ayyagari 等，2011），它与传统动因并购的最显著区别在于对专有技术、研发创新能力等创新资源的关注。从主并方的视角来看，偏好创新动因往往意味着公司具有较好的资源和吸收能力，有助于提高创新绩效（Hussinger，2012）。但是从目标方的情况来看，能够成为创新动因并购的目标，说明其创新资源和能力较为突出，然而这些资源和能力的形成通常需要高额的投入，且具有较大的不确定性，从而面临更大的风险以及更为波动的短期财务表现（温军和冯根福，2012）。可见，创新动因的并购需要承担目标方潜在的更高风险，往往需要从战略布局和长期发展的角度进行决断。采取探索型战略的公司致力于通过挖掘新产品和新市场机会获取竞争优势，富有冒险精神、承受风险的能力强。因此相对于采取防御型战略的公司而言，采取探索型战略的公司在并购决策上更倾向于选择具有一定风险的创新动因，以达到战略与行动的契合（Ittner 等，1997）。

因此，本节提出假设：

假设 3－4：相比于采取防御型战略的公司，采取探索型战略的公司更加偏好创新动因的并购。

（二）主并方的股权结构起到的调节作用

作为企业活动中的重大变化，并购无疑会受到各参与方的影响（Arikan 和 Capron，2010；曹婷等，2015）。并购双方的产权性质、股权结构、机构投资者等参与方之间的博弈决定了标的价格（Hayward 和 Hambriek，1997；陈仕华等，2013）、支付方式（Faccio 和 Masulis，2005；孙世攀等，2013）等并购特征。而创新取决于公司治理机制影响下的决策（Belloc，2012），各项股权特征具有重要影响。本节从股权的集中程度、公司性质、机构投资者持股比例三个角度展开探讨。

1. 股权集中程度

在当前的公司组织架构和决策程序中，董事会往往由股东代表构成，在决策时体现了股东的倾向性意见，而股东大会的投票结果更是决定了公司重要事项是否可以继续开展。在这种情况下，股权越集中，公司在做出决策时越容易达成一致意见，在面对市场环境变化时能快速地做出反应。在这种不受牵制的状态下，公司在战略上更偏好针对市场环境进行技术改造和产品更新换代等创新行为（赵洪江等，2008；杨鸣京等，2018），也就更有可能出于创新动因进行并购。相反地，股权制衡程度越强，虽然减少了“一股独大”可能带来的一系列问题，但公司股东之间可能相互牵制和制约，对不确定性高的事项难以达成一致意见，从而不利于公司进行创新活动（顾露露等，2015）。而且过于分散的股权分布可能导致其内部治理存在弊端，比如会削弱股东大会对管理层的监管动机和能力。

因此，本节提出假设：

假设3-5：在股权集中程度高的公司中，采用探索型战略时更易选择创新动因的并购。

2. 公司性质

在公司性质方面，很多学者发现与国有企业相比，非国有企业的创新需求和创新能力更强（唐跃军和左晶晶，2014；徐晓萍等，2017）。相对于非国有企业来说，国有企业大多与关系国计民生的基础性行业密不可分，较多属于垄断性企业，而且还存在政府干预和内部人控制严重的情况，所以一般国有企业的创新水平要低于非国有企业。而非国有企业在市场经济环境下，面对激烈竞争，只能依靠自身的产品和服务去赢得市场，对创新的需求更高，也就更容易进行创新动因的并购。

因此，本节提出假设：

假设3-6：在非国有企业中，采用探索型战略时更易选择创新动因的并购。

3. 机构投资者

机构投资者的身份和力量也会对并购的动因产生影响。机构投资者由于角色不同、获利方式不同（Chen 等，2007；杨海燕等，2012；罗付岩，2015），对股票价格的关注、风险控制、监督制衡动机都存在较大差异（Ferreira 和 Matos，2008；温军和冯根福，2012）。相对于零散小股东而言，机构投资者的专业知识水平更强、获取信息更及时全面、资金实力更雄厚。所以机构投资者持股比例高的公司，在面对市场环境的变动时，更容易做出及时和恰当的决策，更明白不断追求创新的重要性，公司越容易出于创新的考虑进行并购。

因此，本节提出假设：

假设3-7：在机构投资者持股比例高的公司中，采用探索型战略时更易选择创新动因的并购。

三、研究设计

（一）样本选择

本节在BVD—ZEPHYR全球并购交易分析库获得了2011—2016年我国公司的并购数据，然后对原始数据做了以下筛选：选出所有标的价格在1000万元以上的样本；删除数据缺失、不全的样本；删除主并方为非上市公司的样本；删除新三板的样本。本节最终获得了2869个主并方为我国上市公司的并购样本。

（二）变量定义

1. 并购动因（IDMA）

本节设定了与“创新”有关的关键词，包括创新、新产品、新技术、新工艺、研发团队等，收集了2869家上市公司并购首次宣告日的公告书，在公告的“收购决定及收购目的”“管理层讨论与分析”等相关部分，检索各关键词，根据公司对并购动机的描述做出判断。如果该次并购判定为创新动因的并购，则该样本的IDMA取值为1，否则取值为0。

2. 主并方的战略类型（Strategy）

本节采用Miles和Snow（2003）的做法，将公司战略分为防御型战略、分析型战略和探索型战略。本节参照Bentley等（2013）的做法，采用以下六个指标来衡量企业的战略类型：研发支出与营业收入之比（RDS）、员工人数与营业收入之比（EMPS）、营业收入增长率（REV）、销售费用与营业收入之比（SGA）、员工总人数的标准差（EMP）、固定资产占总资产的比重（CAP）。本节为2869个样本计算了以上六个指标在并购前三年的移动平均数，得到每家公司这六个指标的数值，然后按样本公司所属的行业在每个行业内分别打分。打分原则是：将每个行业的最大值到最小值五等分，位于最高五分位数的样本观察值赋值为5分，第二高五分位数的观察值赋值为4分，以此类推，最低分为 1 分（其中 CAP 相反，其最高五分位数的观察值赋值为 1 分，而最低五分位数的观察值赋值为 5 分）。最后，将每个样本公司的六个指标赋值分数加总，即得出该公司的战略指数。其中，战略指数最小为 6 分，最大为 30 分。战略指数越大，表明该公司越有可能是探索型战略，战略指数越小，表明该公司越有可能是防御型战略。具体来看，若得分为 6 至 12 分，则该公司采取的是防御型战略；若得分为 13 至 23 分，则该公司采取的是分析型战略；若得分为 24 至 30，则该公司采取的是探索型战略。

战略类型（Strategy）在本节设定为虚拟变量，采取探索型战略的样本取值为 1，采取防御型战略的样本取值为 0。由于采取分析型战略的公司与采取探索型和防御型战略的公司相比，特点不够清晰，所以参考 Bentley 等（2013）的做法，对采取分析型战略的公司样本不进行进一步分析。战略类型的计算结果显示，本节选取的样本中共有 123 家公司采取探索型战略，2597 家公司采取分析型战略，147 家公司采取防御型战略。本节后续的分析都在 123 家采取探索型战略的公司和 147 家采取防御型战略的公司中展开。

3. 调节变量

股权集中程度（First5）采用前 5 位大股东持股比例之和度量。公司性质（SOE）为虚拟变量，国有企业的样本取值为 1，非国有企业的样本取值为 0。机构投资者（Institution）采用基金持股比例、券商持股比例、保险持股比例、社保基金持股比例、信托持股比例、财务公司持股比例、银行持股比例以及非金融类上市公司持股比例之和进行度量。

4. 控制变量

本节采用公司规模（Size）、流动比率（Liquidity）、行业竞争程度（Indus）、总资产收益率（ROA）、并购前的创新水平（Innbefore）等作为控制变量。

具体变量定义如表 3 -6 所示。

表 3－6 变量定义

变量名称	变量符号	变量定义
并购动因	IDMA	创新动因的并购取值为 1，其他并购取值为 0
主并方战略类型	Strategy	战略指数为 24 至 30 分的公司是探索型战略，取值为 1；战略指数为 6 至 12 分的公司是防御型战略，取值为 0
股权集中度	First5	前 5 位大股东持股比例之和
公司性质	SOE	国有企业的样本取值为 1，非国有企业的样本取值为 0
机构投资者	Institution	基金持股比例、券商持股比例、保险持股比例、社保基金持股比例、信托持股比例、财务公司持股比例、银行持股比例以及非金融类上市公司持股比例之和
公司规模	Size	总资产的自然对数
流动比率	Liquidity	流动资产与流动负债的比例
行业竞争程度	Indus	虚拟变量，属于低竞争行业的样本取值为 1，属于高竞争行业的样本取值为 0①
总资产收益率	ROA	净利润除以总资产
公司现金流	CF	经营活动产生的现金流量净额与净利润的比例
并购前的创新水平	Innbefore	Ln[（主并方并购前一年专利申请数＋并购前第二年专利申请数）/2]
行业	IND	行业虚拟变量
年度	Year	年度虚拟变量

（三）模型构建

本节使用模型 3－4 检验战略类型对并购动因的影响，然后根据几项股权结构特征变量分组检验，分析股权特征产生的调节效应。

$$\text{Logit}(\text{IDMA}) = \alpha_0 + \alpha_1 \text{Strategy} + \sum \text{Controls} + \varepsilon \qquad (3-4)$$

① 本节根据选取样本数据计算了 HHI 指数，确定了高竞争行业包括：制造业，批发和零售业，房地产业，电力、热力、燃气及水生产和供应业，交通运输、仓储和邮政业，文化、体育和娱乐业，综合，农、林、牧、渔业八个行业；低竞争行业包括：租赁和商务服务业，建筑业，住宿和餐饮业，金融业，科学研究和技术服务业，水利、环境和公共设施管理业，采矿业，信息传输、软件和信息技术服务业八个行业。

四、实证结果

（一）描述性统计

本节的2869个样本中有123家公司采取探索型战略，147家公司采取防御型战略。因此，本节后续分析的样本数为270个，描述性统计结果见表3－7。

表3－7　描述性统计

Panel A：按战略类型分组的并购动因差异检验				
战略类型	IDMA 均值		IDMA 均值差	
探索型战略	0.423		0.178***	
防御型战略	0.245			
Panel B：主要变量描述性统计结果				
变量名称	均值	标准差	最小值	最大值
IDMA	0.326	0.470	0.000	1.000
Strategy	0.456	0.499	0.000	1.000
First5	0.532	0.163	0.135	0.890
SOE	0.370	0.484	0.000	1.000
Institution	0.069	0.087	0.000	0.559
Size	21.693	1.140	18.626	24.656
Liquidity	3.705	5.986	0.000	36.574
Indus	0.156	0.363	0.000	1.000
ROA	0.044	0.081	－0.188	0.459
CF	1.270	4.282	－20.304	21.394
Innbefore	1.723	1.910	－0.693	5.911

注：*** 表示在1%的水平下显著。

表3－7Panel A显示，采取探索型战略的样本中，属于创新动因的并购样本占42.3%，而采取防御型战略的样本中，这一比例为24.5%，可见采取探索型战略的公司更偏好创新动因的并购。Panel B为采取探索型和防御型战略的270个样本的描述性统计。数据显示，IDMA的均值为0.326，即如果不区分探索型或防御型战略，创新动因的并购在总样本中所占比重约为三分之一。Strategy的均值为0.456，本节270个研究样本中约有一半采取的是探索型战略。在市场竞争日益激烈，技术和

产品更新换代日益加快的环境下，寻求创新以保持市场地位和竞争优势越来越重要。前五位大股东持股比例均值超过50%，机构投资者持股比例均值为6.9%，少数股东监督作用的发挥尚需完善。

在初步描述统计之后，本节按三个调节变量分组，以First5和Institution的均值为界分为高于均值和低于均值的上下两组，以SOE的两个类别分为两组，对分组后的样本进行自变量和因变量的均值检验，结果如表3-8所示。

表3-8 样本分组后主要变量描述性统计结果

调节变量	观测值	IDMA		Strategy	
		均值	均值差	均值	均值差
First5（上）	137	0.358	0.065	0.555	0.202***
First5（下）	133	0.293		0.353	
SOE（国企）	100	0.230	-0.152***	0.440	-0.025
SOE（非国企）	170	0.382		0.465	
Institution（上）	93	0.366	0.061	0.548	0.141**
Institution（下）	177	0.305		0.407	

注：***、**分别表示在1%、5%的水平下显著。

按照前5位大股东持股比例之和对样本分组后，均值T检验显示，两组间的并购动因并没有显著性差异，但两组的战略类型在1%的水平下存在显著性差异，前5位大股东持股比例越高，公司越倾向于采取探索型战略。根据企业性质对样本分组后发现，两组间战略类型并没有显著性差异，但两组的并购动因在1%水平下显著不同，非国有公司更偏好创新动因的并购。按照机构投资者持股比例对样本分组后发现，两组间并购动因并没有显著性差异，但两组的战略类型在5%的水平下明显不同，机构投资者持股比例越高，公司越偏好采取探索型战略。

（二）相关性分析

样本的Pearson相关系数如表3-9所示。其中并购的创新动因（IDMA）与公司战略类型（Strategy）在1%水平下显著正相关，初步支持了公司的战略类型对并购动因有显著影响，采取探索型战略的公司更倾向于进行创新动因的并购。

表 3-9 相关性分析

变量	IDMA	Strategy	First5	SOE	Institution	Size	Liquidity	Indus	ROA	CF	Innbefore
IDMA	1										
Strategy	0.189***	1									
First5	0.042	0.192***	1								
SOE	-0.157***	-0.024	-0.265***	1							
Institution	-0.063	-0.122**	0.016	0.062	1						
Size	-0.136**	0.304***	0.081	0.339***	-0.026	1					
Liquidity	0.125**	0.183***	0.147**	-0.197***	-0.067	-0.159***	1				
Indus	-0.059	-0.126**	0.100*	-0.054	-0.084	-0.011	0.085	1			
ROA	0.075	0.312***	0.299***	-0.181***	0.320***	0.155**	0.184***	0.051	1		
CF	0.045	-0.228***	-0.140**	-0.023	-0.004	-0.211***	-0.065	0.009	-0.015	1	
Innbefore	0.103*	0.420***	0.099	0.059	-0.034	0.351***	-0.036	-0.243***	0.145**	-0.139**	1

注：***、**、*分别表示在1%、5%、10%的水平下显著。

（三）回归分析

本节首先对全样本进行了模型3－4的检验，表3－10中Strategy的系数显著为0.982，表明公司战略类型对并购动因有显著影响，采取探索型战略的公司更倾向于进行创新动因的并购，假设3－4得到验证。接下来，本节采取与表3－8相同的分组方式，对模型3－4进行分组回归，检验三个股权结构特征变量的调节效应。表3－10显示，在First5较大的样本中，Strategy的系数在5%的水平下显著为1.314，而在First5较小的样本中该系数并不显著，这说明在股权集中程度高的公司中，采取探索型战略时更偏好进行创新动因的并购，假设3－5得到验证。在非国有企业的样本中，Strategy的系数在10%的水平下显著为0.714，但在国有企业的样本中该系数并不显著，这说明采取探索型战略的非国有企业更可能进行创新动因的并购，假设3－6得到验证。在Institution较高的样本中，Strategy的系数在1%的水平下显著为2.245，但在Institution较低的样本中该系数并不显著，这说明当机构投资者持股比例较高时，采取探索型战略更易触动创新动因的并购，假设3－7得到验证。

表3－10　回归结果

变量	全样本	First5		SOE		Institution	
		（上）	（下）	（国企）	（非国企）	（上）	（下）
Strategy	0.982*** (2.59)	1.314** (2.47)	0.603 (1.02)	1.085 (1.04)	0.714* (1.67)	2.245*** (2.69)	0.484 (1.00)
Size	－0.396*** (－2.91)	－0.510*** (－2.60)	－0.150 (－0.68)	－0.597* (－1.96)	－0.261 (－1.51)	－0.510* (－1.81)	－0.344** (－2.13)
Liquidity	0.022 (0.93)	0.010 (0.35)	0.029 (0.47)	0.136 (1.27)	0.015 (0.61)	－0.041 (－0.69)	0.031 (1.16)
Indus	－0.241 (－0.59)	－0.305 (－0.56)	0.108 (0.16)	0.277 (0.30)	－0.289 (－0.62)	0.866 (1.18)	－0.777 (－1.39)
ROA	0.640 (0.35)	－0.741 (－0.29)	3.328 (0.85)	4.507 (0.92)	－1.431 (－0.63)	－1.228 (－0.43)	1.546 (0.54)
CF	0.042 (1.21)	0.129* (1.83)	－0.047 (－0.81)	0.005 (0.07)	0.061 (1.39)	－0.290 (－1.20)	0.048 (1.28)

续表

变量	全样本	First5		SOE		Institution	
		（上）	（下）	（国企）	（非国企）	（上）	（下）
Innbefore	0.052 (0.55)	0.049 (0.39)	−0.08 (−0.51)	0.083 (0.40)	0.117 (1.00)	−0.077 (−0.48)	0.069 (0.50)
IND	控制	控制	控制	控制	控制	控制	控制
Year	控制	控制	控制	控制	控制	控制	控制
Constant	7.131** (2.46)	9.561** (2.25)	2.171 (0.46)	10.748* (1.65)	4.531 (1.24)	9.848 (1.65)	6.162* (1.79)
N	270	137	133	100	170	93	177
Pseudo R^2	0.070	0.135	0.042	0.138	0.051	0.156	0.068

注：***、**、* 分别表示在1%、5%、10%的水平下显著。

（四）进一步分析

根据表3－7中的描述性统计，机构投资者持股比例最高可以超过50%，那么机构投资者持股比例增加是否会带来公司股权集中度明显降低呢？假设3－5与假设3－7是否可能存在一定的矛盾？本节对Institution均值分组后的两组样本进行了股权集中程度的均值 T 检验。结果发现，两组样本的股权集中度存在显著差异，但Institution（上）一组的股权集中度均值为0.559，高于对应组的0.517，即机构投资者持股比例高的公司股权更加集中，假设3－5与假设3－7并不矛盾。

五、结论与建议

（一）研究结论

并购是获取创新优势的重要途径，企业的战略导向又将深刻影响并购决策。已有文献主要关注了战略类型和股权特征对并购过程和经济后果的影响，并未深入分析它们将如何影响公司对并购动因的差异性偏好。本节选取2011—2016年间的2869个并购样本，以主并方为研究对象，从战略类型的角度剖析并购动因的影响因素，并分析公司股权结构特征产生的调节作用，研究发现：

（1）采取探索型战略的公司更倾向于进行创新动因的并购，通过并购获取创新优势符合探索型战略的公司精神。

（2）当股权集中程度较高时，探索型战略与创新动因的并购之间的联系更为紧密。股权集中的公司更容易对具有一定风险的决策达成一致，创新动因的并购具有明显的这一特征。

（3）采取探索型战略的非国有企业更偏好创新动因的并购。非国有企业本身较为灵活，面对的竞争环境也更加残酷，对创新的需求更高，在并购时也就更偏好创新动因。

（4）当机构投资者持股比例较高时，采取探索型战略更易引起创新动因的并购。机构投资者的专业知识、信息渠道、资金和能力优势都使他们在面对市场环境的变化时，更容易做出及时和正确的决策，更明白不断追求创新的重要性，也就更渴望公司不断创新以获得更高的回报。

（二）政策建议

根据以上结论，本节提出如下建议：

（1）公司应根据战略导向，选择适当的并购对象。采取探索型战略的公司在市场竞争日益激烈，技术和产品更新日益加快的环境下，可以考虑通过选择能带来创新资源和能力的并购目标来保持公司的市场地位和竞争优势。

（2）公司应合理配置适合本公司需要的股权结构。适度的股权集中对公司做出具有一定风险的决策更为有利，在选择不确定性较大的创新型并购对象时也是如此。与此同时，机构投资者的积极治理作用值得持续关注，应进一步发挥机构投资者在专业知识、资金和能力等方面的优势，选择更加符合企业战略方向的并购目标。

（3）监管部门应为非国有企业的发展创造良好的市场环境。面对变化的经济环境，非国有企业的灵活性更强，在探索型战略引导下更偏好创新动因的并购，是创新的重要主体，需要为它们创造更加公平、完善的市场环境。

第四章
并购的创新动因与创新绩效

第一节　并购的创新动因、股权结构与创新绩效

一、引言

近年来，技术革新速度进一步加快、产品生命周期缩短以及全球化所带来的竞争压力使创新成为决定企业生存和发展的关键因素。但是随着专业化分工的加强，企业向特定的知识领域纵深发展，现代企业不可能拥有创新所需的全部知识。因此，企业往往倾向于从外部获取所需的知识和成果，而并购外部标的则是实现这一目的的主要途径之一，创新逐渐成为企业对目标公司实施并购重组的重要动因。

虽然现实在发生变化，但已有文献仍主要集中在常规并购或技术并购与企业创新绩效的关系上（温成玉和刘志新，2011；张峥和聂思，2016）。Phillips 和 Zhdanov（2013）发现，企业通过并购的方式吸收技

术创新成果，可以增强自身的科技储备力量，有效提升创新绩效。然而，也有研究认为，并购带来的资金和人员整合等问题（Hitt 等，1991a；Ernst 和 Vitt，2000）不利于创新。进一步来看，文化距离、技术知识、股权性质和资产规模等因素都会对二者的关系产生影响。比如，政府对国有企业的政策支持有效缓解了国有企业在经营和竞争上的阻力，使其更容易实现创新（刘启君，2013）。

在此背景下，本书根据 Ayyagari 等（2011）对创新的界定，将并购的创新动因定义为企业为了获取领先的新产品、新技术、新工艺、新生产流程、研发团队等进行的并购活动，其内涵范围小于并购而大于技术并购。虽然此时并购的目的倾向于创新，但是是否真正有效地提高了主并方的创新水平，而且在进行并购时，主并方的股权结构将如何影响创新绩效，这些兼具理论与现实意义的问题还有待进一步的探究和验证。本节使用 2011—2014 年进行并购的上市公司为样本，观察并购中的不同动因使得并购后主并方的创新绩效发生了何种变化，这些变化与股权结构特征具有什么关系。本节发现：

（1）创新动因的并购对企业的创新绩效存在着显著的促进效应，可以帮助企业更好的实现创新目标；

（2）在创新动因的并购中，国有企业会比非国有企业获得更好的创新绩效；

（3）在创新动因的并购中，机构投资者对大股东的制衡并不会对创新绩效产生积极影响。

二、理论分析与研究假设

（一）并购动因与创新绩效

已有文献对并购与创新绩效的研究主要基于三种理论。第一，基于代理理论（Jensen 和 Meckling，1976）认为并购是管理者的自利行为，并购不会给企业带来创新绩效的提高。第二，基于协同理论（Ansoff，1965）认为企业可以通过并购提高创新的协同作用，促进企业整体创新绩效的提高。第三，根据市场势力理论（Comanor，1967）认为企业的并购重组行为减少了企业的竞争对手，占用了企业大量资金，从主观和客观的角度都削弱了企业创新的动机。

创新动因的并购与其他并购存在显著区别。创新动因的并购其首要目的是为了获取企业所需的新产品、新技术、新工艺、新生产流程、研发团队等，属于创新导向行为，其创新目的十分明确。根据代理理论的观点，并购可能属于管理者的自利行为，但在创新动因的并购中，考虑到创新活动本身具有的高风险性和清晰的目的性，管理者的自利动机被大大弱化。根据协同理论的观点，企业可以通过创新动因的并购有针对性地迅速获取外部研发成果，整合外部创新资源，既可以压缩自主研发的周期，又可以降低创新的不确定性。根据市场势力理论的观点，由于创新动因的并购属于企业创新战略的一部分，所以不会引发企业的竞争松懈，虽然可能由于资金消耗会一定程度上减少企业的创新资源，但获得的外部成果可以弥补其带来的负面影响。

因此，本节提出假设：

假设4-1：相比于非创新动因的并购，出于创新动因的并购会给主并方带来更好的创新绩效。

（二）并购动因、股权性质与创新绩效

国有企业在追求企业利润目标的同时，还被赋予了国家任务和社会责任。因此，国有企业的并购决策和相关绩效也受到其特殊性质的影响。现有文献针对股权性质对企业并购绩效的影响做了大量研究，这些研究的理论基础主要包含国有企业"所有者缺位"理论和"资源优势"理论等（高雷和宋顺林，2007）。杜莹和刘立国（2002）认为，国有企业存在"所有者缺位"和"市场化程度低"等问题，股东对管理层的监督比较有限，国有企业因此缺乏创新精神，不具备创新的动力和优势。李政和陆寅宏（2014）则认为国有企业具备资源和政策的先天优势，其物质基础优越，创新条件相对更好。

本节认为，国有企业通常被赋予国家任务和社会责任，并且受到上级部门的考核，因此，伴随国家发展战略向创新驱动转型，国有企业可

能会在政策驱使下逐渐具备创新动力。党的十八大提出“创新驱动发展战略”，与本节样本区间（2011—2014 年）十分接近且具有一定的重叠，可以合理判断国有企业的创新动机在增强，缺乏创新精神的状况在发生深刻变化。与此同时，非国有企业面临较大的竞争压力，创新需求和创新能力也很强（周亚虹等，2012；徐晓萍等，2017）。当国有和非国有企业都选择进行创新动因的并购时，二者的创新绩效会产生何种差异呢？

根据资源与要素市场理论，企业的经营离不开内外部资源，而政府对多数战略性资源具有掌控和分配能力，国有企业可能获得政策和资源方面的更多支持（李政和陆寅宏，2014）。从企业内部条件来看，国有企业集中了我国最优秀的人才资源，拥有完备的软硬件条件，具备较强的经济实力，积淀了持续创新的基础（何立胜和陈元志，2016），在创新资源上的聚集能力强，有雄厚的研发力量，创新成果数量多，技术转化能力强（辜胜阻等，2016）。

因此，本节提出假设：

假设 4－2：在进行创新动因的并购后，国有企业比非国有企业的创新绩效更好。

（三）并购动因、机构投资者与创新绩效

机构投资者由于角色不同、获利方式不同，对股票价格的关注、风险控制和监督制衡动机都存在较大差异（Chen 等，2007；杨海燕等，2012）。机构投资者是否在并购中发挥监督制衡效应，主要取决于其成本和收益的比较。如果监督制衡的收益大于成本，则机构投资者就具备相应动机，反之则缺乏动机。此外，机构投资者在创新动因的并购事件中如何影响事件的发展，与机构投资者的投资理念有很大关系。如果机构投资者注重企业的短期收益，对于并购和创新这样颇具风险性的投资，机构投资者通常会反对和阻挠（Bushee，2001）；如果机构投资者坚持价值投资，关注企业长期的价值表现，那么对于可能给企业带来未来收益的投资，机构投资者会予以支持和监督（Bushee，2001；Callen 和 Fang，2013）。他们面对不同的并购动因，会如何反应，进而影响创新绩效呢？

就我国目前的现实情况来看，机构投资者的持股比例较低，各类机

构股东持股分散，因此监督成本巨大。加之中国资本市场正处于发展阶段，较多的限制条件降低了机构股东发挥监督作用的积极性。此外，如果机构股东与企业之间存在密切的业务往来关系，机构股东也有可能出于维系业务关系的目的降低对管理层和大股东的监督制衡倾向（甄丽明和唐清泉，2015）。从本节样本数据中各类机构股东的持股情况来看，银行和证券投资基金持股居多，这类机构股东通常关注企业股权的流动性和短期盈利情况。这些特征可能使他们更倾向于反对并购创新实力强的对象，因为此类并购往往风险高、回报周期长。即使无法改变并购决策，这些投资者也可能出于规避风险、保证投资收益等目的对并购后关于创新协同的整合活动做出过度监督和制衡。此时机构投资者的监督制衡能力越强，则可能反而会降低主并方的创新绩效。

因此，本节提出假设：

假设 4－3：在进行创新动因的并购后，机构投资者监督制衡能力越强，创新绩效越弱。

三、研究设计

（一）样本选择

本节获取了2011—2014 年深沪两市上市公司的并购活动，剔除金融行业以及数据缺失的样本后得到543 个样本。由于考虑并购前后各两年的对比，所以实际涉及的样本区间为2009—2016 年。创新数据来自国泰安（CSMAR）中国上市公司专利研究数据库，其他控制变量数据均来自国泰安（CSMAR）数据库和锐思（RESSET）数据库。

（二）变量定义

1. 创新绩效（Innchg）

参考 Lerner 等（2011）、Faleye 等（2014）和陈玉罡等（2015）的做法，本节用并购后两年的专利申请数平均值（Innafter）与并购前两年的专利申请数平均值（Innbefore）之差（Innchg）作为因变量来衡量主并方的创新绩效。

2. 并购动因（IDMA）

该数据由手工收集得到，通过查看上市公司并购前发布的“并购重组说明”（或“重大事项说明”），对并购目的等相关内容以“创新”“技术”“新产品”“研发”等关键词进行搜索，甄别确定该事件是否属于创新动因的并购。若可以确认并购交易的性质和目的符合本书对创新动因的定义，则样本的IDMA取值为1，反之取值为0。

3. 调节变量

企业性质（SOE）为虚拟变量，国有企业取值为1，非国有企业取值为0。机构投资者变量（Institution）以机构投资者的持股比例来衡量机构投资者的监督制衡能力。

4. 控制变量

本节采用公司规模（Size）、公司年龄（Age）、总资产收益率（ROA）、资产负债率（LEV）、研发投入（R&D）等作为控制变量。

具体变量定义见表4－1。

表4－1 变量定义

变量名称	变量符号	变量定义
创新绩效	Innchg	Ln[(主并方并购后第一年专利申请数＋并购后第二年专利申请数)/2]－Ln[(并购前一年专利申请数＋并购前第二年专利申请数)/2]
并购动因	IDMA	创新动因的并购取值为1，其他并购取值为0
企业性质	SOE	主并方为国有性质时取值为1，否则取值为0
机构投资者持股	Institution	并购当年主并方所有机构投资者持股比例之和
公司规模	Size	并购当年主并方总资产的自然对数
公司年龄	Age	主并方公司成立日到并购发生日的年度数
总资产收益率	ROA	并购当年主并方的总资产回报率
资产负债率	LEV	并购当年主并方的资产负债率
研发投入	R&D	并购当年主并方研发投入占营业收入的比例
并购前创新水平	Innbefore	Ln[(主并方并购前一年专利申请数＋并购前第二年专利申请数)/2]
行业	IND	行业虚拟变量
年度	Year	年度虚拟变量

（三）模型构建

为了验证假设4－1，本节建立模型4－1：

$$\text{Innchg} = \alpha_0 + \alpha_1 \text{IDMA} + \sum \text{Controls} + \varepsilon \qquad (4-1)$$

为了验证假设4－2，本节对创新动因的子样本以模型4－2进行回归，同时使用非创新动因的样本作为参照。

$$\text{Innchg} = \alpha_0 + \alpha_1 \text{SOE} + \sum \text{Controls} + \varepsilon \qquad (4-2)$$

为了验证假设4－3，本节对创新动因的子样本以模型4－3进行回归，同时使用非创新动因的样本作为参照。

$$\text{Innchg} = \alpha_0 + \alpha_1 \text{Institution} + \sum \text{Controls} + \varepsilon \qquad (4-3)$$

四、实证结果

（一）描述性统计

为了考察并购动因对创新绩效的影响，表4－2展示了创新动因和非创新动因并购的分组描述性统计结果，两组样本创新绩效（Innchg）均值分别为0.189和－0.034，差异在1%的水平下显著，说明并购动因与创新绩效密切相关，创新动因的并购具有更高的创新绩效，支持了假设4－1。此外，创新组中Size、Age、LEV的均值显著小于非创新组中对应变量的均值，说明规模小、创立晚、负债率低的企业更倾向于参与创新动因的并购。创新组中ROA的均值大于非创新组对应的均值，也说明盈利能力好的企业更热衷于创新。

表4－2　根据并购动因分组后主要变量的描述性统计

变量	创新动因组（$N_1=253$）			非创新动因组（$N_2=290$）			均值 T 检验
	均值	最小值	最大值	均值	最小值	最大值	
Innchg	0.189	－2.186	3.643	－0.034	－3.125	2.485	－3.199***
SOE	0.206	0.000	1.000	0.259	0.000	1.000	1.458*

续表

变量	创新动因组（N_1 =253）			非创新动因组（N_2 =290）			均值 T 检验
	均值	最小值	最大值	均值	最小值	最大值	
Institution	0. 063	0. 000	0. 918	0. 069	0. 000	0. 754	0. 866
Size	21. 306	19. 793	23. 718	21. 580	19. 537	25. 750	3. 649***
Age	11. 723	2. 000	26. 000	13. 466	2. 000	46. 000	3. 850***
ROA	0. 057	-0. 132	0. 393	0. 050	-0. 148	0. 291	-1. 821**
LEV	0. 277	0. 014	0. 943	0. 358	0. 007	0. 871	5. 342***
R&D	0. 058	0. 000	0. 292	0. 046	0. 001	0. 292	-3. 288***
Innbefore	3. 315	0. 693	6. 444	3. 417	0. 693	7. 749	1. 100

注：***、**、*分别表示在1%、5%、10%的水平下显著。

表4-3对创新动因的并购样本中的主要变量根据企业性质做了分组描述性统计，从统计结果可以看出，国有企业的创新绩效显著大于非国有企业的创新绩效，股权性质对创新动因并购的创新绩效可能具有积极的影响，初步支持了假设4-2。

表4-3 创新动因的并购中国有、非国有企业主要变量描述性统计

变量	国有企业（N_1 =52）			非国有企业（N_2 =201）			均值 T 检验
	均值	最小值	最大值	均值	最小值	最大值	
Innchg	0. 664	-1. 253	3. 643	0. 067	-2. 186	2. 190	-4. 859***
Institution	0. 087	0. 001	0. 351	0. 056	0. 000	0. 918	-2. 568***
Size	21. 627	19. 984	23. 718	21. 222	19. 793	23. 089	-3. 540***
Age	12. 538	3. 000	26. 000	11. 512	2. 000	24. 000	-1. 387*
ROA	0. 064	-0. 091	0. 393	0. 055	-0. 132	0. 169	-1. 147
LEV	0. 313	0. 017	0. 943	0. 268	0. 014	0. 640	-1. 745**
R&D	0. 060	0. 004	0. 237	0. 058	0. 000	0. 292	-0. 254
Innbefore	3. 167	0. 693	6. 444	3. 353	0. 693	5. 894	1. 135

注：***、**、*分别表示在1%、5%、10%的水平下显著。

（二）相关性分析

在相关性分析中（见表4-4），主要关注IDMA、SOE、Institution与Innchg的相关系数。IDMA与Innchg的相关系数为0. 14且在1%水平下显著，说明创新动因的并购可以促进主并方的创新绩效。变量SOE与Innchg的相关系数显著为0. 21。Institution与Innchg的相关系数显著为0. 14。

表 4-4 相关性分析

变量	Innchg	IDMA	SOE	Institution	Size	Age	ROA	LEV	R&D	Innbefore
Innchg	1									
IDMA	0.14***	1								
SOE	0.21***	-0.06	1							
Institution	0.14***	-0.04	0.21***	1						
Size	0.09**	-0.16***	0.32***	0.13***	1					
Age	-0.02	-0.16***	0.18***	0.03	0.12***	1				
ROA	0.08*	0.08*	0.01	0.13***	0.09**	-0.04	1			
LEV	0.02	-0.22***	0.21***	0.10**	0.55***	0.19***	-0.19***	1		
R&D	0.03	0.14***	-0.08*	-0.02	-0.22***	-0.17***	0.04	-0.35***	1	
Innbefore	-0.23***	-0.05	0.02	0.05	0.36***	0.06	0.08*	0.24***	0.07	1

注：***、**、*分别表示在1%、5%、10%的水平下显著。

（三）回归分析

根据表4－5，模型4－1中并购动因（IDMA）的系数在1%的水平下显著为0.252，这说明相比非创新动因的并购，创新动因的并购对企业的创新绩效有更加积极的作用，支持了假设4－1。模型4－2的结果显示，创新动因并购的子样本中，SOE系数在1%水平下显著为0.372，作为对比，非创新动因并购子样本中该系数不显著。这说明在企业进行创新动因的并购时，国有企业性质带来的各方面资源可以帮助其在并购后获得更好的创新绩效，支持了假设4－2。模型4－3中，创新动因并购子样本的Institution系数不显著，与之对比的非创新动因并购子样本中，该系数在1%水平下显著为正。这说明机构投资者的监督制衡能力越强，在进行非创新动因的并购后越能取得更好的创新绩效，进行创新动因的并购后则没有明显作用，部分支持了假设4－3。

表4－5 回归结果

	模型4－1	模型4－2		模型4－3	
变量		IDMA＝1	IDMA＝0	IDMA＝1	IDMA＝0
IDMA	0.252*** (3.70)				
SOE		0.372*** (2.93)	0.144 (1.28)		
Institution				0.257 (0.38)	1.220*** (2.79)
Size	0.205*** (4.16)	0.113 (1.35)	0.196*** (3.01)	0.158* (1.90)	0.214*** (3.48)
Age	0.010 (1.46)	0.019 (1.65)	0.000 (0.02)	0.023** (2.00)	0.001 (0.14)
ROA	1.205* (1.66)	0.606 (0.56)	0.892 (0.91)	0.602 (0.54)	0.594 (0.61)
LEV	0.352 (1.42)	0.388 (1.00)	0.203 (0.62)	0.432 (1.07)	0.192 (0.60)

续表

	模型 4-1	模型 4-2		模型 4-3	
变量		IDMA = 1	IDMA = 0	IDMA = 1	IDMA = 0
R&D	2.723*** (3.06)	3.267*** (2.71)	1.488 (1.09)	3.829*** (3.15)	1.337 (0.99)
Innbefore	-0.253*** (-7.52)	-0.240*** (-4.83)	-0.229*** (-4.97)	-0.263*** (-5.24)	-0.238*** (-5.22)
IND	控制	控制	控制	控制	控制
Year	控制	控制	控制	控制	控制
Constant	-4.084*** (-3.90)	-1.529 (-0.80)	-4.193*** (-3.09)	-2.178 (-1.13)	-4.662*** (-3.66)
N	543	253	290	253	290
F	6.12***	4.11***	3.69***	3.53***	4.08***
R^2	0.17	0.25	0.16	0.22	0.23

注：***、**、*分别表示在1%、5%、10%的水平下显著。

（四）稳健性检验

针对以上实证研究结果，本节借鉴双重差分模型的思路构建模型4-4，对假设4-1进行稳健性检验。处理过程为：

（1）收集主并方并购前、后两年的专利申请数，以每年专利申请数（Innlevel）的自然对数作为该年的创新水平；

（2）收集计算主并方并购前、后两年的公司规模、年龄、盈利水平、负债水平和研发投入等数据，作为控制变量；

（3）增加衡量事件发生前后的变量Time，并购事件发生前该变量取值为0，并购事件发生后该变量取值为1。通过以上操作，本节共获得1447个样本用于稳健性检验。

$$\text{Innlevel} = \alpha_0 + \alpha_1 \text{IDMA} + \alpha_2 \text{Time} + \alpha_3 \text{IDMA} \cdot \text{Time} + \sum \text{Controls} + \varepsilon \tag{4-4}$$

针对假设4-2，本节在模型4-4的基础上，进一步构建模型4-5：

$$\text{Innlevel} = \alpha_0 + \alpha_1\text{IDMA} + \alpha_2\text{Time} + \alpha_3\text{SOE} + \alpha_4\text{IDMA} \cdot \text{Time} \cdot \text{SOE} + \sum \text{Controls} + \varepsilon \quad (4-5)$$

针对假设4－3，本节将 Institution 以均值划界，令大于均值的样本取值为1，否则取值为0，并在模型4－4基础上构建模型4－6：

$$\text{Innlevel} = \alpha_0 + \alpha_1\text{IDMA} + \alpha_2\text{Time} + \alpha_3\text{Institution} + \alpha_4\text{IDMA} \cdot \text{Time} \cdot \text{Institution} + \sum \text{Controls} + \varepsilon \quad (4-6)$$

模型4－4、模型4－5、模型4－6的结果列示在表4－6中。从表4－6的结果可以看到，模型4－4的回归中 IDMA 和 Time 的交乘项系数在5%的水平下显著为正，即相比一般并购的公司，以创新为动因的公司在并购后的创新绩效更好，支持假设4－1。模型4－5的回归中 IDMA 和 Time、SOE 的交乘项系数显著为正，如果进行创新动因的并购时，国有公司会获得比非国有公司更好的创新绩效，支持假设4－2。模型4－6的回归中 IDMA 和 Time、Institution 的交乘项不显著，表现出机构投资者的监督制衡能力与创新动因的并购后的创新绩效没有明显的相关关系，没有完全支持假设4－3。这可能是因为不同类型的机构投资者对主并方的创新绩效产生影响的机理和效果不尽相同。

表4－6 稳健性检验结果

变量	模型4－4	模型4－5	模型4－6
IDMA	－0.043 (－0.47)	0.105* (1.79)	0.108* (1.73)
Time	－0.256*** (－3.30)	－0.153** (－2.57)	－0.140** (－2.23)
IDMA · Time	0.277** (2.45)		
SOE		－0.116 (－1.35)	
IDMA · Time · SOE		0.272* (1.79)	
Institution			0.083 (1.27)

续表

变量	模型 4－4	模型 4－5	模型 4－6
IDMA · Time · Institution			0.098 (0.88)
Size	0.455*** (11.53)	0.465*** (11.50)	0.451*** (11.37)
Age	0.003 (0.65)	0.004 (0.79)	0.004 (0.69)
ROA	0.029*** (4.87)	0.029*** (4.75)	0.028*** (4.55)
LEV	0.009*** (4.57)	0.009*** (4.55)	0.009*** (4.45)
R&D	0.044*** (7.45)	0.044*** (7.35)	0.043*** (7.29)
IND	控制	控制	控制
Year	控制	控制	控制
Constant	－7.516*** (－9.27)	－7.784*** (－9.37)	－7.515*** (－9.26)
N	1447	1447	1447
F	42.17***	37.11***	37.30***
R^2	0.19	0.18	0.18

注：***、**、*分别表示在1%、5%、10%的水平下显著。

五、结论与建议

（一）研究结论

我国当前的经济环境下，并购和创新都是具有重要意义并亟须关注的命题。然而，关于二者的交叉研究，尤其是有关并购动因与创新绩效的研究还较为少见。本节选取 2011—2014 年中国资本市场上发生的并购事件为样本，研究了并购动因对主并方创新绩效的影响，并进一步关注创新动因的并购，分析股权性质、机构投资者制衡等股权结构特征所产生的调节作用。本节的主要结论如下：

（1）从并购动因与创新绩效的关系来看，创新动因对并购后的创新绩效存在着显著的促进效应，可以帮助企业更好地达到创新目的。在企业当前自主创新能力不足的情况下，通过创新动因的并购可以扩展创新来源，增强企业的创新实力。

（2）当进行创新动因的并购时，国有企业会比非国有企业获得更好的创新绩效。随着国家创新驱动发展战略的深入，国有企业缺乏创新精神的状况在发生深刻变化，而且国有企业可能获得政策和资源方面的更多支持，集中了各项优秀资源，在创新资源上的聚集能力强，有雄厚的研发力量。

（3）当进行创新动因的并购时，机构投资者对大股东的制衡并不会对创新绩效产生积极影响。并购样本中，机构投资者以银行和证券投资基金持股居多，这类机构股东通常关注企业股权的流动性和短期盈利情况，从而更倾向于反对创新动因的并购这样风险高、回报周期长的投资项目，即使无法改变并购决策，也可能出于规避风险、保证投资收益等目的对并购后的创新整合活动做出过度监督和制衡。

（二）政策建议

根据以上结论，本节提出如下建议：

（1）在条件允许的情况下，企业可以考虑选择创新动因的并购。由于创新动因对主并方创新绩效具有积极作用，所以企业可以考虑开展创新动因的并购，整合外部知识、技术和创新成果，提升自己的创新水平。

（2）监管部门应鼓励国有企业不断创新。国有企业拥有独特的资源优势和政策优势，创新动因的并购为国有企业带来的创新绩效更加显著，是实现国家创新驱动战略的重要力量。因此，管理部门应进一步鼓励国有企业深化改革，加强针对创新的并购、整合活动。

（3）机构投资者的作用有待进一步发挥。我国机构投资者的成长非常迅速，但仍不够成熟，更看重短期价值，这需要市场的不断完善以及管理部门的引导和监督。

第二节　并购的创新动因、融资决策与创新绩效

一、引言

党的十八大以来，习近平总书记多次强调“创新”对中国全面深化改革和发展的重要作用。在全球产业向创新驱动转型以及中国经济进入“新常态”的时代大背景下，我国经济结构亟待优化升级，企业的发展必须由要素驱动、投资驱动过渡到创新驱动。随着新技术、新产品更迭速度的加快，技术竞争日益激烈，企业已经无法仅通过“闭门造车”的内部学习发展模式来获取竞争优势，还需要超越组织的边界，从外部获取创新资源。开放性的创新活动能在经济全球化的巨大竞争压力下发挥成效快、耗时少、回报大的优势。开放性创新活动的主要途径之一就是以增加创新绩效为目的的并购活动（于开乐和王铁民，2008）。通过并购手段所获得的创新资源能直接弥补企业目前在创新领域的缺口，还能获得目标企业研发团队及核心技术人员，能够带来持续的创新能力。此时的并购活动出现了不同于追求经营协同、缓解代理问题、实现多元化等传统动因（Nielsen 和 Melicher，1973；Jensen，1986）的新思路，即获取创新资源和能力（Zhao，2009；Ayyagari 等，2011）。然而创新动因虽然带来了目标方的已有创新成果，但是否一定意味着促进主并方自身的创新产出呢？以坚瑞沃能（股票代码 300116）2015 年收购沃特玛为例，并购的主要目的是为了获得沃特玛的磷酸铁锂电池产品和相关技术，然而被并购之后，沃特玛虽然有一定专利贡献，主并方坚瑞沃能的专利申请数却一直为 0，没有产生创新上的协同。可见创新动因与主并方创新绩效之间的关系尚需大样本分析。

进一步来看，以创新为主要动因的并购意味着标的方的高成长性，进而必然带来较高的并购价格。仍以坚瑞沃能并购沃特玛为例，并购时评估增值率达到 469.62%，形成了 46.14 亿元的商誉（但在 2017 年进

行了全额减值）。这使得并购融资决策格外重要。并购融资决策包括支付方式选择和融资方式选择两方面内容（翟进步等，2011）。资本市场的信息不对称给并购中的融资决策带来两方面的问题：第一，主并方与目标方信息不对称，主并方根据自身掌握的目标资产价值信息做出支付方式的选择；第二，主并方与投资者信息不对称，很多企业在并购公告中并未充分披露具体的融资安排，加之投资者对企业资金走向的监管成本较高，投资者会通过提高资金成本或直接放弃投资于有价值的并购项目来转移或规避风险（张新，2003）。而在创新动因的并购中，创新资产的特殊性使得公司更不愿向市场披露完备的信息，加之创新活动存在外部融资约束（顾群和翟淑萍，2014），将使公司面临更严重的融资问题。可见，做出合理的支付决策及融资决策对推动企业创新发展非常重要。

本节以 2012—2015 年的并购事件为研究样本，分别考虑并购支付方式和融资方式，分析不同并购动因对主并方创新绩效的影响，进而观察融资决策对并购动因与主并方创新绩效之间关系的影响。本节发现：

（1）创新动因的并购在整体上对主并方创新绩效具有促进作用，但这种作用具有时滞性；

（2）当并购为现金支付时，创新动因与主并方创新绩效之间的关系更加突出；

（3）在现金支付前提下，股票融资方式对创新动因与主并方创新绩效的关系具有最为积极的促进作用，其次是自有资金，债务融资效果最差。

二、理论分析与研究假设

（一）并购动因与创新绩效

早期的并购动因理论从实现经营或财务协同效应、达到规模经济、降低成本等角度解释了并购的获利机制。由于创新越来越重要，很多研究开始从公司、市场、国家等角度探讨创新的影响因素（He 和 Tian，2018），并购将如何影响创新的研究也开始出现。有研究发现并购能够解决企业内部的低效率和委托代理问题，帮助企业拓宽内部知识基础，加速吸收和利用外部知识，从而提高企业的创新产出（Ahuja 和 Katila，2001；温成玉和刘志新，2011）。但同时也有研究认为并购活动会占用企业研发资源，冲击企业正常的研发活动，最终阻碍创新（Hitt 等，1991a；Paruchuri 等，2006）。还有学者认为并购活动对创新并无实质性作用（邓乐元和成良斌，2004；Ornaghi，2009）。

之所以出现这些不一致的结论，一个重要的原因是并购活动来自于差异化的动因，不能一概而论。本节从资源基础理论和投入产出关系出发，认为具有创新动因的并购活动对主并方创新绩效的作用更为显著。

根据资源基础理论，企业资源指经济主体实际拥有、控制或可以直接使用的，用来维持经营活动、实现经营目标所使用的各种生产要素。Capron（1998）按职能的不同将企业资源划分为研发、制造、营销、管理、财务五类。根据资源基础观，企业的本质是各种资源的结合体，不同的经济主体其资源禀赋存在异质性。企业资源中那些有价值的、稀缺的、难以复制的且不可被替代的资源是企业竞争优势形成的根本，能为企业创造租金（Barney，1991）。各个经济体之间资源禀赋的异质性导致服务或产品的差异，而服务和产品的差异是企业运作过程中竞争优势的内生来源（葛清俊和肖洪钧，2007）。并购是企业获取自身异质性资源的途径之一，企业通过并购行为可扩展自身的资源边界，获得企业所需的异质性资源。对于创新动因的并购而言，与非创新动因并购的最显著区别在于对专有技术、研发创新能力等创新资源的关注。具有创新动因往往意味着主并方具有较好的资源和吸收能力，从而可以提高创新绩效（Hussinger，2012）。

新古典经济学的生产函数认为投入决定产出。Pearson（2002）发现创新失败主要源于资源供给不足。提高创新能力的途径主要有扩大研发规模、并购具有创新资源的目标等（Zhao，2009）。传统动因的并购看重生产能力、管理资源等方面的投入。与之不同的是，具有创新动因的并购活动意味着通过吸收整合目标公司的已有知识，为主并方纳入外部创新资源，扩大了主并方原有的知识基础规模，即增加了创新投入，因此会对主并方创新绩效产生促进作用。

因此，本节提出假设：

假设4-4：从并购动因来看，具有创新动因的并购比一般并购对主并方创新绩效的促进作用更为明显。

（二）融资决策的调节效应

1. 支付方式的调节效应

从现有文献对并购支付手段的分类来看，并购支付方式主要可分为现金支付、股票支付、混合支付和资产支付，由于后两种形式的样本在本节样本区间内达不到足够数量，本节选择股票支付和现金支付两种支付方式进行研究。股票支付主要指的是换股并购，即主并方以本公司股票按一定比例换取目标方股票的行为，其发行股票的目的在于直接换取目标方股票，因此属于股票支付范畴。现金支付时用到的现金可能来自自有资金、负债融资、发行股票融资等。现金支付中的发行股票融资与股票支付有时容易混淆。现金支付中的发行股票融资指通过公开发行新股、向原股东配售新股、向战略投资者等股东非公开发行股票等方式筹集现金，并将所筹集的现金用于支付并购价款。这类融资方式发行股票的目的在于筹集资金，支付给目标方的收购对价仍然是现金。

企业并购支付方式与财务绩效（或企业价值）关系的研究结论并不完全一致。一些学者从风险共担、公司治理等角度出发，认为并购活动如果通过股票支付完成，并购后的绩效将优于现金支付（Chang，1998；陈涛等，2013）。另外一些学者从自由现金流约束、信号传递等视角出发，认为现金支付完成的并购产生的绩效优于股票支付（Travlos，1987；Ghosh和Ruland，1998；余鹏翼和王满四，2014）。

并购支付方式与创新的关系又将如何呢？在信息不对称的市场中，支付方式的选择本身隐含了主并方对并购质量与成功可能性的判断等相关信息，交易双方出于各自立场的考虑对并购支付形式有一定偏好

（Ghosh 和 Ruland，1998）。较之于目标方，主并方掌握更多并购后总体效果的信息，在支付方式选择上主并方有更强的偏好。主并方的决策者会根据手中的信息选择能够为他们带来更优绩效的支付方式。

当主并方掌握部分非公开信息时，一方面为了鼓励目标方迅速接受报价以规避竞争对手，另一方面为了最大程度获取并购带来的协同收益，主并方会使用现金支付（Berkovitch 和 Narayanan，1990；Megginson 等，2004）。较之于一般并购，创新动因的并购中，核心标的具有创新性、垄断性等特征，决定了其难以通过公开市场定价，而企业间文化、惯例和结构等的差异导致创新资源并购后存在整合、市场前景变化等多重不确定性。此时，现金支付虽然可能对并购后的企业运作产生一定的资金压力（葛结根，2015），但更加意味着主并方对目标方的创新能力掌握了更为全面的信息，在后期资源整合、控制创新活动风险上更有利，能够使并购充分发挥提高主并方创新绩效的作用。

反观股票支付方式，意味着企业现在支付的任何价格都是由合并后集团的未来盈利能力决定的（Bruslerie，2012；Ghosh，2001）。主并方的主要目的是将部分风险转移给目标方，实现风险共担。当并购具有创新动因时，虽然创新资源的真实价值更难判断，但是如果主并方通过股票支付企图转移估值和信息不对称带来的风险（Rau 和 Vermaelen，1998；Sudarsanam 和 Mahate，2003），由于较少有新的投资者进入，风险的转移或共担都不会有很好的结果，目标方也可能不会配合，从而在后续的整合中无法达到最优效果。

因此，本节提出假设：

假设 4－5：较之于现金支付，采取股票支付方式会削弱创新动因对主并方创新绩效的促进作用。

2. 现金支付情境下融资方式的调节效应

在前文基础上，本节进一步分析现金支付时的不同融资方式。现金支付方式下的融资来源包括以下三种：内部自有资金、发行股票融资、债务融资。与股票支付不同，这三种融资方式最终都表现为现金支付，因此在对其进行比较研究时自然控制了支付方式选择问题。

已有研究结合融资决策的相关经典理论及我国资本市场的特点，按照对并购绩效的影响方向及程度对并购融资方式进行了比较（陈宇等，2008；翟进步等，2011）。然而，并购作为获取创新优势的途径之一，具有以下特殊性：第一，高风险性和高不确定性。企业通过并购实现创新目标时，不仅要面对并购活动都面临的整合风险和估值风险，还要面对来自目标方创新性资产潜在的不确定性。第二，战略性和长期性。与普通并购活动相比，基于创新目的的并购看重目标方的创新能力或创新成果，衡量其成功与否的标准除了以股票价格测度的市场绩效，以财务指标体现的财务绩效外，更重要的是具有战略意义的创新成果。第三，高投入。创新资产的特殊性使此类并购具有相对较高的价格，而后期尤其需要投入高成本进行整合吸收或进一步的研发活动，资金需求较大。这些特殊性质会改变不同融资方式下投资者的代理成本和理性决策，从而改变并购融资的效果。

（1）股票融资。

与前文的通过股票支付实现换股合并不同，此处的股票融资是对目标方之外的其他主体发行股票，筹集资金后支付给目标方，此时需要引入新的投资者，这将在以下几个方面有利于提高创新绩效。第一，实现了创新与资本的有机结合，利益共享，风险共担。通过发行股票引入具备足够风险承受能力且愿意承担高风险的投资者，可以一定程度上分散追求创新的并购的高风险。新进入的投资者能够按照持股比例分享主并方创新绩效提升带来的高额回报，根据风险和收益的对称性，投资者同样有激励分担并购后进一步整合的不确定性（张一林等，2016）。第二，外部投资者的进入起到一定的监督作用。为了维护自身利益，投资者会对管理层的重要决策进行监督，保证企业获利的可能性。尤其当股权融资的对象是战略投资者时，由于战略投资者更重视企业长期价值的提高，而非局限于短期收益，这与创新动因的并购的获利机制相契合。不仅如此，根据委托代理理论，管理层作为风险厌恶者，往往为了追求短期绩效而不愿意投资于研发创新等高风险活动，战略投资者则能够有效监督和制衡管理层的短视行为，最终提高主并方创新绩效。第三，根据融资约束理论，受融资约束限制程度越高的企业越具有超配现金等流动性资产的倾向，因此也具有越高的投资现金流敏感性（Almeida 等，

2004），这就限制了企业对创新活动的支持（Cleary，1999）。而股权融资一定程度上能够帮助企业改善融资约束问题，从而鼓励企业增加对高风险高收益项目的投入，有利于并购后的研发活动（Fazzari 等，1988）。

因此，本节提出假设：

假设 4－6：当使用现金支付并购对价时，通过发行股票筹集所需的现金对创新动因与主并方创新绩效之间的关系有更为积极的影响。

（2）债务融资。

主并方在并购时使用债务融资获得现金，并将其支付给目标方，虽然支持了并购活动的快速完成，但可能会从两方面对主并方后续创新活动产生负面影响。

第一，影响后续创新活动的资金来源和成本。负债的增多、偿债压力的增大可能恶化主并方未来所面临的融资环境，意味着并购后创新成果市场化所需要的增量资金需求可能得不到解决，从而不利于创新。而且由于企业管理层掌握着关于项目实际情况和企业资本现状的内部信息，与外部债权人存在信息不对称，这会导致债务融资成本的增加，抑制了债务杠杆作用的发挥。另外，虽然企业选择债务融资可以享受利息税前列支的好处，但是固定利息支出及定期本金偿还也增加了主并方的负担和经营风险（翟进步等，2011）。

第二，债权人与主并方创新的需求不兼容。不论债务融资的目的如何，我国上市公司债务融资的来源都主要是银行，本节以银行为例说明这一问题。当主并方选择使用银行资金作为并购的资金来源时，如果银行向创新动因的并购提供贷款，将不得不面临并购后技术研发失败或创新整合失败，致使资金可能无法收回的高风险；即使并购完成后实现了创新产出的突破，银行也只获得固定利息，与自身承担的风险不相匹配（Stiglitz 和 Weiss，1981）。这导致银行没有动机特别关注创新动因的并购，而是只关心主并方贷款后是否能在规定时间内还清本息，这与创新动因的并购具有的高风险性和长期性不相契合。

因此，本节提出假设：

假设 4 - 7： 当使用现金支付并购对价时，通过举借债务筹集所需的现金对创新动因与主并方创新绩效之间的关系有更为不利的影响。

三、研究设计

（一）样本选择

本节在 BVD—ZEPHYR 全球并购交易分析库获得了 2012—2015 年我国上市公司为主并方的并购事件，从中筛选出所有标的价格在 1000 万元以上的样本，剔除金融业上市公司，同一公司在并购时间区间发生多起并购活动时，只保留绝对交易价格最大的一起，最后剔除所需重要变量不完整以及信息不详的企业，获得研究样本 589 个。企业专利数据、财务数据及公司治理数据均来自国泰安（CSMAR）数据库；是否属于创新动因的并购及并购融资方式的相关数据通过对上市公司并购公告和年度财务报告的查阅手工收集。由于要观察并购前后的创新产出，相关变量的取值区间为 2009—2017 年。

（二）变量定义

1. 创新绩效（Patent_sum）

本节将主并方自身专利情况作为创新绩效的测度标准（Zhao，2009；Bena 和 Li，2014）。考虑到专利从申请到真正授权尚需一定时间，本节将专利申请数量作为创新绩效的代理变量。

在检验假设 4 - 4 时，本节参照 Ahuja 和 Katila（2001）的研究，选取主并方三年专利申请数的总和度量创新绩效。并购后的创新产出用并购当年、并购后第一年及第二年的专利申请数总和进行度量，并购前的创新产出用并购前三年专利申请数的总和度量。为了进一步验证假设 4 - 4，本节随后分别选取并购当年、并购后第一年、并购后第二年的专利申请数作为并购发生后的创新绩效，用并购前三年专利申请数的平均值作为并购发生前的创新绩效。在验证假设 4－5、假设 4－6、假设 4－7 时，并购后创新绩效使用并购当年与并购后第一年的专利申请数之和进行度量，相对应地并购前创新绩效使用并购发生前两年的专利申请数之和度量。

2. 并购动因（IDMA）

本节手工收集了样本公司的并购公告和相关重大事项公告，通过查看上市公司并购前发布的“并购重组说明”（或“重大事项说明”），对并购目的等相关内容以“创新”“技术”“新产品”“研发”等关键字进行搜索，检索到相关关键词之后，围绕关键词阅读前后文表述，甄别确定该并购是否为创新动因。为了尽量避免人工判断的误差，对每条样本均采用三人背对背判断，如果三人均认为该样本属于同一动因，则通过评判，不一致则追加评判人，重新判断。如果具有创新动因，则 IDMA 取值为 1，否则为 0。

本节还设置了一个衡量并购发生前后的虚拟变量 Time，当相关变量发生时间在并购后时，该变量取值为 1，否则取值为 0。

3. 调节变量

本节将并购支付方式和并购融资方式作为调节变量。虚拟变量 Pay 代表并购支付方式，当并购采用股票支付时取值为 1，否则为 0。在现金支付样本中，用 Finance 代表筹资方式，并使用 Fin_equity、Fin_debt、Fin_cash 虚拟变量分别代表股票融资、债务融资和自有资金。当某个并购事件筹集相应形式的资金并以现金形式支付交易对价时，该变量取值为 1，否则为 0。

4. 控制变量

参考已有研究（Zhao，2009；Bena 和 Li，2014），本节选择企业特征（盈利能力、成长能力、公司规模、股权制衡、高管持股比例、第一大股东持股比例、独董比例、企业年龄）、并购事件特征（交易规模）、创新特征（行业平均专利数、研发投入）作为控制变量，并控制了主并方行业和并购发生年份。

各变量具体定义如表 4－7 所示。

表 4－7 变量定义

变量名称	变量符号	变量定义
专利申请量	Patent_sum	上市公司研究区间内相应年份专利申请数加1后取对数
并购动因	IDMA	创新动因的并购取值为1，其他并购取值为0
并购发生情况	Time	并购活动发生前取值为0，发生后取值为1
支付方式	Pay	若上市公司并购采用股票支付，则取值为1，否则为0
融资方式	Finance	包括股票融资、债务融资和自有资金
股票融资	Fin_equity	若上市公司并购通过发行股票筹集现金，则取值为1，否则为0
债务融资	Fin_debt	若上市公司并购采用债务形式筹集现金，则取值为1，否则为0
自有资金	Fin_cash	若上市公司并购使用自有资金，则取值为1，否则为0
净资产收益率	ROE	并购前一年的净资产收益率
公司规模	Size	上市公司并购上年和当年年末总资产平均值的自然对数
行业平均专利数	Ind_sum	上市公司所在行业平均专利申请数加1取自然对数
股权制衡	Balance	上市公司并购当年年末第二至四名大股东持股比例之和/第一大股东持股比例
交易规模	Value	并购价格的自然对数
成长能力	Growth	上市公司并购当年营业收入的增长率
高管持股比例	Manager	上市公司并购当年年末高管持股数/总股数
第一大股东持股	First	上市公司并购当年年末第一大股东持股数/总股数
独董比例	Independent	上市公司并购当年独立董事人数/董事会总人数

续表

变量名称	变量符号	变量定义
研发投入	R&D	上市公司并购当年的研发投入/营业收入
企业年龄	Age	上市公司上市时起到并购首次公告日止，取其年数的自然对数
行业	IND	行业虚拟变量
年度	Year	年度虚拟变量

（三）模型构建

本节首先借鉴双重差分模型的思路建立模型4-7，用是否为创新动因和并购发生前后两个虚拟变量相乘，观察并购动因对主并方创新绩效的整体促进作用。此时并购后的创新绩效用并购当年、并购后第一年及第二年的专利申请数总和进行度量，并购前的创新绩效用并购前三年专利申请数的总和度量。

$$\text{Patent} = \alpha_0 + \alpha_1 \text{IDMA} + \alpha_2 \text{Time} + \alpha_3 \text{IDMA} \cdot \text{Time} + \sum \text{Controls} + \varepsilon \qquad (4-7)$$

随后，为了进一步验证并购动因影响企业创新绩效的时间效应，本节分别用并购发生当年、第一年及第二年的专利申请数作为并购后创新绩效的代理变量，将并购前创新绩效的衡量方法调整为并购事件发生前三年专利申请数的年平均值。此外，本节将控制变量中的行业平均专利数调整为相应年份的数值。

本节通过加入支付方式及其与并购动因、并购发生情况的交互项以检验不同并购支付方式是否在并购动因与主并方创新绩效的关系中发挥调节作用，见模型4-8。

$$\text{Patent} = \alpha_0 + \alpha_1 \text{IDMA} + \alpha_2 \text{Time} + \alpha_3 \text{IDMA} \cdot \text{Time} + \alpha_4 \text{Pay} + \alpha_5 \text{IDMA} \cdot \text{Time} \cdot \text{Pay} + \sum \text{Controls} + \varepsilon \qquad (4-8)$$

之后，本节在模型中加入融资方式及其与并购动因、并购发生情况的交互项以检验不同融资方式是否在并购动因与主并方创新绩效的关系中发挥调节作用。

$$\text{Patent} = \alpha_0 + \alpha_1 \text{IDMA} + \alpha_2 \text{Time} + \alpha_3 \text{IDMA} \cdot \text{Time} + \alpha_4 \text{Finance} + \alpha_5 \text{IDMA} \cdot \text{Time} * \text{Finance} + \sum \text{Controls} + \varepsilon \quad (4-9)$$

$$\text{Patent} = \alpha_0 + \alpha_1 \text{IDMA} + \alpha_2 \text{Time} + \alpha_3 \text{IDMA} \cdot \text{Time} + \alpha_4 \text{Fin\_equity} + \alpha_5 \text{Fin\_debt} + \alpha_6 \text{IDMA} \cdot \text{Time} \cdot \text{Fin\_equity} + \alpha_7 \text{IDMA} \cdot \text{Time} \cdot \text{Fin\_debt} + \sum \text{Controls} + \varepsilon \quad (4-10)$$

模型4－9分别将自有资金、股票融资和债务融资及其相关交互项代入模型，旨在初步检验不同融资方式的调节作用。模型4－10以自有资金为参照，将其他两类外部融资方式及相关交互项代入模型，以检验两种外部融资方式较之于内部融资的调节效果。

四、实证结果

（一）描述性统计

本节从并购年份、并购动因及并购融资（支付）方式三个维度对并购样本分布情况进行了统计，具体如表4－8所示。全部样本按并购动因分布较为平均，具有创新动因的并购占比为47.5%。从融资（支付）方式来看，无论何种动因的并购，股票支付方式都更普遍，而在现金支付手段中依靠自有资金的样本最多，其次是股票融资，债务融资的比例相对较小。创新动因的并购更偏向于使用外部融资，这种偏好与创新活动自身高风险、高投入的特点息息相关。

本节对各主要变量的描述性统计见表4－9。主并方专利申请数的均值自并购发生当年到并购发生后第二年持续增长。ROE、研发投入等指标的公司间差异较大。

表 4-8　并购样本分布情况

		2012			2013			2014			2015			合计		
支付方式	融资方式	创新	非创新	总计	创新	非创新	总计	创新	非创新	总计	创新	非创新	总计	创新	非创新	总计
股票支付	换股并购	13 18.6%	11 15.7%	24 34.3%	27 19.4%	32 23.0%	59 42.4%	69 30.5%	56 24.8%	125 55.3%	52 38.0%	57 41.6%	109 79.6%	161 28.1%	156 27.3%	317 55.4%
现金支付	股票融资	1 1.4%	4 5.7%	5 7.1%	4 2.9%	7 5.0%	11 7.9%	17 7.5%	8 3.6%	25 11.1%	3 2.2%	6 4.3%	9 6.5%	25 4.4%	25 4.4%	50 8.7%
	自有资金	10 14.3%	22 31.4%	32 45.7%	15 10.8%	44 31.7%	59 42.5%	33 14.6%	33 14.6%	66 29.2%	9 6.6%	3 2.2%	12 8.8%	67 11.7%	102 17.8%	169 29.6%
	债务融资	3 4.3%	6 8.6%	9 12.9%	5 3.6%	5 3.6%	10 7.2%	8 3.6%	2 0.8%	10 4.4%	3 2.2%	4 2.9%	7 5.1%	19 3.3%	17 3.0%	36 6.3%
总计		27 38.6%	43 61.4%	70 100%	51 36.7%	88 63.3%	139 100%	127 56.2%	99 43.8%	226 100%	67 49.0%	70 51.0%	137 100%	272 47.5%	300 52.5%	572 100%

注：(1)"创新""非创新"指并购动因是否为创新；(2)百分比为不同并购动因与支付方式组合下样本数量占相应年份样本总量的百分比。

表 4－9 主要变量描述性统计

变量	样本数	均值	标准差	最小值	最大值
Patent_0	572	2. 820	1. 540	0. 000	6. 090
Patent_1	572	2. 980	1. 560	0. 000	6. 350
Patent_2	572	3. 090	1. 650	0. 000	6. 650
IDMA	572	0. 480	0. 500	0. 000	1. 000
Pay	572	0. 550	0. 500	0. 000	1. 000
Fin_equity	572	0. 090	0. 280	0. 000	1. 000
Fin_debt	572	0. 060	0. 230	0. 000	1. 000
Fin_cash	572	0. 300	0. 460	0. 000	1. 000
ROE	572	0. 080	0. 110	－0. 290	0. 500
Size	572	21. 630	1. 040	19. 260	24. 360
Ind_sum	572	58. 330	40. 350	4. 150	163. 810
Balance	572	0. 580	0. 530	0. 020	2. 350
Value	572	19. 540	2. 010	13. 900	23. 630
Growth	572	0. 330	0. 840	－0. 570	5. 980
MSH	572	0. 080	0. 140	0. 000	0. 580
First	572	0. 350	0. 140	0. 090	0. 710
Independent	572	0. 380	0. 060	0. 290	0. 600
R&D	572	0. 040	0. 050	0. 000	0. 270
Age	572	7. 820	5. 860	2. 000	24. 000

注：Patent_0、Patent_1、Patent_2 分别为并购事件发生当年、发生后第一年及第二年的数据。

（二）相关性分析

表 4－10 给出了被解释变量、解释变量及调节变量的相关系数。专利申请数与并购动因的相关系数显著为 0. 146，表明创新动因带来的主并方专利申请较多。支付方式和融资方式与专利申请数的相关系数在统计上均不显著，尚需进一步检验。

表 4－10　主要变量的相关性分析

	Patent	IDMA	Pay	Fin_equity	Fin_debt	Fin_cash
Patent	1					
IDMA	0.146**	1				
Pay	－0.028	0.072	1			
Fin_equity	0.004	0.015	－0.345**	1		
Fin_debt	－0.021	0.027	－0.289**	－0.080	1	
Fin_cash	0.038	－0.103*	－0.722**	－0.200**	－0.168**	1

注：（1）***、**、*分别表示在1%、5%和10%的水平上显著；（2）Patent为样本事件并购当年及并购后第一年专利申请量总和。

（三）回归分析

表4－11第一列的结果可见，并购动因（IDMA）与并购发生情况（Time）的交互项系数在5%水平下显著为0.306，假设4－4得到验证，即较之于其他并购，具有创新动因的并购在整体上对主并方创新绩效具有促进作用。主并方盈利能力、公司规模、高管持股比例、第一大股东持股比例等也对创新有一定影响。

表 4－11　并购动因与创新绩效的关系

	（1）	（2）	（3）	（4）
IDMA	0.142 （1.392）	0.126 （1.270）	0.109 （1.096）	0.112 （1.093）
Time	0.523*** （4.995）	0.122 （1.198）	0.280*** （2.739）	0.412*** （3.938）
IDMA × Time	0.306** （2.163）	－0.032 （－0.236）	0.251* （1.818）	0.312** （2.210）
ROE	1.006*** （2.931）	1.062*** （3.189）	1.356*** （4.044）	1.078*** （3.141）
Size	0.701*** （16.767）	0.647*** （15.952）	0.633*** （15.506）	0.659*** （15.771）
Ind_sum	0.003 （0.485）	－0.001 （－0.084）	0.005 （0.843）	0.011* （1.780）

续表

	(1)	(2)	(3)	(4)
Balance	-0.135 (-1.420)	-0.184** (-1.983)	-0.138 (-1.482)	-0.120 (-1.253)
Value	-0.004 (-0.209)	-0.018 (-0.906)	-0.005 (-0.258)	0.008 (0.408)
Growth	-0.046 (-0.858)	-0.007 (-0.127)	-0.035 (-0.669)	-0.007 (-0.139)
MSH	0.521* (1.908)	0.355 (1.340)	0.384 (1.437)	0.499* (1.825)
First	-1.157*** (-3.255)	-1.057*** (-3.064)	-1.046*** (-3.013)	-1.116*** (-3.141)
Independent	1.649** (2.547)	1.156* (1.840)	1.833*** (2.898)	1.265* (1.954)
R&D	5.054*** (4.931)	5.096*** (5.125)	4.737*** (4.732)	3.938*** (3.844)
Age	-0.041*** (-5.020)	-0.040*** (-5.020)	-0.034*** (-4.189)	-0.034*** (-4.065)
IND	控制	控制	控制	控制
Year	控制	控制	控制	控制
N	1144	1144	1144	1144
F	25.48***	18.54***	20.78***	22.92***
R^2	0.460	0.383	0.410	0.434

注：(1) ***、**、*分别表示在1%、5%和10%的水平上显著；(2) 回归(1) 的被解释变量为三年加总的专利申请数；回归 (2) - (4) 的被解释变量在Time 取 1 时分别为并购当年、并购后第一年、并购后第二年的专利申请数，当Time 取 0 时为并购前三年的专利申请数平均值。

根据表 4 - 11 第 2 ~ 4 列（当 *Time* 取 1 时，被解释变量分别为并购当年、并购后第一年、并购后第二年的专利申请数；当 *Time* 取 0 时，被解释变量为并购前三年的专利申请数平均值）的检验结果，三个模型中交互项的系数分别为 -0.032、0.251、0.312，后两个系数分别在10% 和 5% 水平下显著，可以发现创新动因对主并方创新绩效的促进作用具有一定时滞性。本节认为这主要是因为：在并购发生之前，企业往往会耗费大量资源来做投资部署，这会消耗原本可能用于创新的部分资源，并且双方对创新的目标、方式等需要进行磨合，经过一段时间的消化和吸收后，创新能力开始转化成主并方的创新绩效。

接下来本节对假设4－5、假设4－6、假设4－7的模型做了回归分析。根据表4－12中第一列的结果，支付方式、并购动因、并购发生情况三个变量的交互项系数显著为－0.491，验证了假设4－5：较之于现金支付，采取股票支付会削弱创新动因与主并方创新绩效之间的积极关系。

表4－12中第2～4列显示，现金支付下自有资金、股票融资和债务融资与并购动因、并购发生情况的交互项系数分别为0.086、0.741、－0.840，其中后两个系数均在5%的水平上显著。可见股票融资会显著提高创新动因对主并方创新绩效的积极影响，债务融资的作用则相反，假设4－6、4－7得到验证。

表4－12中第5列显示，当同时考虑现金支付下三种融资方式时，按促进主并方创新绩效的程度对并购融资方式进行排序的结果是：股票融资优于自有资金，最后是债务融资。

表4－12　融资决策的调节作用

	(1)	(2)	(3)	(4)	(5)
IDMA	0.143 (1.400)	0.236 (1.592)	0.239 (1.638)	0.225 (1.525)	0.242* (1.663)
Time	0.521*** (4.973)	0.351** (2.403)	0.352** (2.447)	0.352** (2.424)	0.352** (2.450)
IDMA × time	0.800*** (4.611)	0.964*** (3.869)	0.855*** (4.152)	0.980*** (4.777)	1.044*** (4.778)
Pay	0.145 (1.352)				
Fin_cash		－0.077 (－0.579)			
Fin_equity			0.065 (0.433)		0.081 (0.525)

续表

	(1)	(2)	(3)	(4)	(5)
Fin_debt				0.042 (0.235)	0.056 (0.304)
IDMA × time × pay	-0.491*** (-2.869)				
IDMA × Time × Fin_cash		0.086 (0.342)			
IDMA × Time × Fin_equity			0.741** (2.571)		0.549* (1.851)
IDMA × Time × Fin_debt				-0.840** (-2.563)	-0.898*** (-2.689)
ROE	1.009*** (2.941)	1.887*** (3.332)	2.110*** (3.795)	2.038*** (3.611)	2.023*** (3.623)
Size	0.715*** (16.699)	0.706*** (10.694)	0.699*** (10.720)	0.696*** (10.558)	0.702*** (10.736)
Ind_sum	0.003 (0.483)	0.017* (1.775)	0.017* (1.797)	0.017* (1.788)	0.017* (1.798)
Balance	-0.129 (-1.346)	-0.038 (-0.253)	-0.107 (-0.722)	-0.079 (-0.525)	-0.083 (-0.559)
Value	-0.026 (-1.046)	-0.074** (-2.119)	-0.064* (-1.913)	-0.054 (-1.618)	-0.074** (-2.149)
Growth	-0.043 (-0.789)	-0.049 (-0.417)	-0.040 (-0.345)	-0.063 (-0.530)	-0.037 (-0.317)
MSH	0.513* (1.875)	0.303 (0.770)	0.230 (0.595)	0.249 (0.639)	0.258 (0.668)
First	-1.113*** (-3.122)	-1.368*** (-2.595)	-1.685*** (-3.221)	-1.502*** (-2.839)	-1.592*** (-3.029)
Independent	1.672*** (2.582)	2.339** (2.465)	2.362** (2.524)	2.398** (2.540)	2.352** (2.516)
R&D	4.995*** (4.871)	3.703** (2.318)	3.671** (2.336)	3.831** (2.412)	3.633** (2.311)
Age	-0.041*** (-4.990)	-0.053*** (-4.238)	-0.054*** (-4.409)	-0.056*** (-4.531)	-0.053*** (-4.289)

续表

	(1)	(2)	(3)	(4)	(5)
IND	控制	控制	控制	控制	控制
Year	控制	控制	控制	控制	控制
N	1144	510	510	510	510
F	26.275***	17.645***	18.305***	16.925***	17.825***
R^2	0.481	0.580	0.589	0.570	0.596

注：***、**、*分别表示在1%、5%和10%的水平上显著。

(四) 稳健性检验

为使研究结论更具可靠性，本节进行了如下稳健性检验：

(1) 首先，改变创新绩效的衡量指标，以专利授权数替换专利申请数。同时用行业平均专利授权数代替行业平均专利申请数。

(2) 使用倾向得分匹配法（PSM）在一定程度上控制内生性问题。

1. 变量替换的稳健性检验结果

表4-13是对假设4-4的稳健性检验结果。根据第一列的结果，并购动因与并购发生情况的交互项系数显著为0.368。第2~4列的数据显示，并购当年并购动因与并购发生情况的交互项系数为负但统计上不显著；并购发生后第一年和第二年的交互项系数均为正且都显著。均与前文结果一致。

表4-13 并购动因与创新绩效关系的稳健性检验

	(1)	(2)	(3)	(4)
IDMA	0.252** (2.234)	0.211** (2.214)	0.188* (1.882)	0.188* (1.857)
Time	0.529*** (4.534)	0.330*** (3.348)	0.370*** (3.579)	0.459*** (4.393)
IDMA × time	0.368** (2.357)	-0.046 (-0.345)	0.262* (1.897)	0.320** (2.291)
ROE	0.861** (2.266)	0.842*** (2.624)	1.205*** (3.583)	0.974*** (2.863)

续表

	(1)	(2)	(3)	(4)
Size	0.783*** (16.936)	0.662*** (16.956)	0.680*** (16.616)	0.694*** (16.763)
Ind_sum	-0.251 (-0.673)	-0.242 (-0.770)	-0.213 (-0.646)	-0.100 (-0.301)
Balance	-0.262** (-2.478)	-0.212** (-2.380)	-0.196** (-2.094)	-0.229** (-2.415)
Value	-0.018 (-0.792)	-0.018 (-0.968)	-0.015 (-0.745)	-0.009 (-0.457)
Growth	-0.058 (-0.977)	-0.023 (-0.447)	-0.048 (-0.898)	-0.017 (-0.323)
MSH	0.218 (0.719)	0.012 (0.046)	0.215 (0.803)	0.223 (0.822)
First	-1.482*** (-3.764)	-1.182*** (-3.553)	-1.123*** (-3.224)	-1.245*** (-3.533)
Independent	2.006*** (2.800)	1.413** (2.333)	1.814*** (2.859)	1.682*** (2.621)
R&D	4.160*** (3.666)	3.017*** (3.147)	3.294*** (3.280)	3.612*** (3.556)
Age	-0.055*** (-6.063)	-0.046*** (-5.913)	-0.042*** (-5.182)	-0.039*** (-4.799)
IND	控制	控制	控制	控制
Year	控制	控制	控制	控制
N	1144	1144	1144	1144
F	23.05***	19.81***	21.45***	22.59***
R^2	0.435	0.399	0.418	0.430

注：（1）***、**、*分别表示在1%、5%和10%的水平上显著；（2）回归（1）的被解释变量为三年加总的专利申请数；回归（2）-（4）的被解释变量在Time取1时分别为并购当年、并购后第一年、并购后第二年的专利申请数，当Time取0时为并购前三年的专利申请数平均值。

表4-14为假设4-5、假设4-6、假设4-7的稳健性检验结果，从表中第一列可以看出并购动因、并购发生情况和支付方式的交互项系

数显著为 -0.316，与表 4-12 中的结果一致。第 2~4 列也前文基本一致。第 5 列的结果显示，股票融资与并购动因、并购发生情况的交互项系数显著为 0.843，债务融资与并购动因、并购发生情况的交互项系数显著为 -0.668，均与前文结论一致。

表 4-14　融资决策调节作用的稳健性检验

	(1)	(2)	(3)	(4)	(5)
IDMA	0.253** (2.240)	0.292* (1.731)	0.285* (1.696)	0.275 (1.623)	0.293* (1.743)
Time	0.527*** (4.517)	0.627*** (3.784)	0.623*** (3.776)	0.613*** (3.687)	0.621*** (3.766)
IDMA × time	0.378** (1.968)	0.354 (1.245)	0.552** (2.315)	0.658*** (2.779)	0.423* (1.672)
Pay	0.189 (1.590)				
Fin_cash		-0.035 (-0.226)			
Fin_equity			0.111 (0.636)		0.103 (0.575)
Fin_debt				-0.083 (-0.401)	-0.064 (-0.300)
IDMA × time × pay	-0.316* (-1.671)				
IDMA × Time × Fin_cash		0.069 (0.241)			
IDMA × Time × Fin_equity			0.718** (2.155)		0.843** (2.456)
IDMA × Time × Fin_debt				-0.907** (-2.397)	-0.668* (-1.727)
ROE	0.864** (2.276)	1.799*** (2.781)	1.793*** (2.792)	1.761*** (2.706)	1.740*** (2.695)
Size	0.801*** (16.915)	0.863*** (11.420)	0.866*** (11.475)	0.865*** (11.362)	0.872*** (11.514)

续表

	(1)	(2)	(3)	(4)	(5)
Ind_sum	-0.257 (-0.691)	-0.806 (-1.521)	-0.781 (-1.480)	-0.692 (-1.304)	-0.763 (-1.445)
Balance	-0.253** (-2.386)	-0.223 (-1.293)	-0.217 (-1.266)	-0.198 (-1.142)	-0.201 (-1.170)
Value	-0.046 (-1.646)	-0.085** (-2.108)	-0.080** (-2.077)	-0.063* (-1.653)	-0.085** (-2.133)
Growth	-0.053 (-0.890)	-0.093 (-0.681)	-0.103 (-0.764)	-0.116 (-0.848)	-0.091 (-0.670)
MSH	0.205 (0.678)	0.142 (0.317)	0.158 (0.353)	0.166 (0.368)	0.174 (0.388)
First	-1.427*** (-3.615)	-1.944*** (-3.223)	-1.917*** (-3.170)	-1.764*** (-2.887)	-1.859*** (-3.054)
Independent	2.034*** (2.839)	3.846*** (3.552)	3.807*** (3.526)	3.816*** (3.508)	3.770*** (3.490)
R&D	4.084*** (3.599)	2.393 (1.309)	2.475 (1.361)	2.590 (1.411)	2.379 (1.306)
Age	-0.055*** (-6.025)	-0.079*** (-5.483)	-0.080*** (-5.599)	-0.082*** (-5.733)	-0.079*** (-5.511)
IND	控制	控制	控制	控制	控制
Year	控制	控制	控制	控制	控制
N	1144	510	510	510	510
F	21.20***	12.64***	14.11***	13.24***	13.02***
R^2	0.428	0.498	0.525	0.509	0.519

注：(1) ***、**、*分别表示在1%、5%和10%的水平上显著；(2) 被解释变量均为三年专利授权量加总数。

2. 倾向得分匹配（PSM）的检验结果

本节构建模型4-11进行倾向得分匹配。模型中Ind_sum为上市公司所在行业平均专利数，Sep为两权分离度，Size为企业规模，MSH为高管持股比例，Balance为股权制衡度，R&D为研发投入，ROE为净资产收益率，Age为公司年龄，Growth为成长性，First为第一大股东持股比例，Independent 为独董比例。模型按最邻近匹配原则，1:1 可放回配对，构建实验组（IDMA =1，创新动因）和控制组（IDMA =0，其他动因）进行回归，结果见表4－15。最终得到426个样本，其中创新动因并购样本272个、其他动因并购样本154个。进行PSM匹配后各变量在实验组与控制组间的均值不存在显著差异（见表4－16）。

$$\begin{aligned}\text{Logit}(\text{IDMA}) = {} & \alpha_0 + \alpha_1\text{Indsum} + \alpha_2\text{Sep} + \alpha_3\text{Size} + \alpha_4\text{MSH} + \\ & \alpha_5\text{Balance} + \alpha_6\text{R\&D} + \alpha_7\text{ROE} + \alpha_8\text{Age} + \\ & \alpha_9\text{Growth} + \alpha_{10}\text{First} + \alpha_{11}\text{Independent} + \varepsilon\end{aligned} \tag{4-11}$$

表4－15　PSM的Logit回归结果

变量	系数
Ind_sum	0.002 (1.04)
Sep	0.048*** (2.88)
Size	0.033 (0.32)
MSH	0.609 (1.02)
Balance	-0.150 (-0.65)
R&D	0.290 (0.12)
ROE	2.151* (1.92)
Age	-0.062*** (-3.06)
Growth	0.108 (0.57)
First	-1.825** (2.06)
Independent	-1.719 (-1.01)
Pseudo R^2	0.039

注：***、**、*分别表示在1%、5%、10%的水平上显著。

表 4 –16　平衡性测试结果

变量	经 PSM 处理后样本				初始研究样本			
	实验组	控制组	偏差（%）	T 值	实验组	控制组	偏差（%）	T 值
Ind_sum	61.663	59.366	5.900	0.690	61.663	56.091	14.200	1.730*
Sep	2.810	2.373	8.200	0.930	2.810	2.041	14.500	1.790*
Size	21.462	21.499	–3.900	–0.470	21.462	21.561	–10.500	–1.280
MSH	0.118	0.107	6.900	0.790	0.118	0.090	17.700	2.170**
Balance	0.662	0.623	7.300	0.850	0.662	0.578	15.700	1.930*
R&D	0.053	0.050	6.900	0.770	0.053	0.044	21.800	2.510**
ROE	0.091	0.088	4.000	0.490	0.091	0.083	10.800	1.320
Age	6.363	6.598	–4.300	–0.530	5.631	7.317	–30.400	–3.700**
Growth	0.290	0.291	–0.400	–0.040	0.290	0.264	5.600	0.680
First	0.340	0.348	–5.300	–0.640	0.340	0.358	–12.900	–1.570
Independent	0.374	0.375	–2.100	–0.240	0.374	0.375	–1.200	–0.140

注：***、**、* 分别表示在 1%、5%、10% 的水平上显著。

下面将 PSM 配对后的数据代入模型 4 –7、模型 4 –8、模型 4 –9、模型 4 –10 进行稳健性检验。从表 4 –17 的回归结果看，关键变量的系数符号及显著性均与原回归结果一致。

表 4 –17　PSM 配对后的稳健性检验

	(1)	(2)	(3)	(4)	(5)	(6)
IDMA	0.058 (0.490)	0.061 (0.512)	0.130 (0.762)	0.121 (0.710)	0.095 (0.559)	0.107 (0.637)
Time	0.462*** (3.329)	0.464*** (3.334)	0.286 (1.463)	0.277 (1.424)	0.286 (1.463)	0.281 (1.455)
IDMA × Time	0.334** (2.032)	0.783*** (4.036)	1.148*** (4.110)	0.887*** (3.703)	1.075*** (4.511)	1.332*** (5.349)
Pay		0.003 (0.024)				
Fin_cash			–0.120 (–0.787)			
Fin_equity				–0.149 (–0.849)		–0.079 (–0.450)

续表

	(1)	(2)	(3)	(4)	(5)	(6)
Fin_debt					0.492** (2.226)	0.453** (2.039)
IDMA × Time × Pay		−0.414** (−2.380)				
IDMA × Time × Fin_cash			0.166 (0.643)			
IDMA × Time × Fin_equity				0.842*** (2.809)		0.551* (1.803)
IDMA × Time × Fin_debt					−0.749** (−2.168)	−0.993*** (−2.826)
ROE	0.156* (1.849)	0.155* (1.832)	0.402 (1.155)	0.605* (1.741)	0.426 (1.222)	0.516 (1.493)
Size	0.740*** (16.646)	0.743*** (16.309)	0.839*** (10.208)	0.820*** (10.012)	0.819*** (9.952)	0.815*** (10.009)
Ind_sum	0.007 (0.984)	0.007 (0.954)	0.010 (0.910)	0.012 (1.009)	0.011 (0.970)	0.012 (1.027)
Balance	−0.080 (−0.763)	−0.081 (−0.768)	−0.008 (−0.044)	−0.077 (−0.449)	−0.009 (−0.054)	−0.017 (−0.101)
Value	−0.015 (−0.612)	−0.019 (−0.647)	−0.113*** (−2.685)	−0.083** (−2.030)	−0.096** (−2.353)	−0.111*** (−2.655)
Growth	−0.017 (−0.588)	−0.017 (−0.588)	0.024 (0.126)	0.035 (0.185)	−0.055 (−0.290)	0.003 (0.016)
MSH	0.463 (1.563)	0.466 (1.573)	0.164 (0.386)	0.038 (0.089)	0.122 (0.291)	0.073 (0.174)
First	−1.120*** (−2.772)	−1.106*** (−2.719)	−1.142* (−1.895)	−1.404** (−2.321)	−1.084* (−1.782)	−1.172* (−1.942)
Independent	0.522 (0.721)	0.532 (0.733)	1.198 (1.125)	1.395 (1.314)	1.358 (1.279)	1.387 (1.319)
R&D	1.964** (2.428)	1.944** (2.397)	2.494 (1.407)	2.616 (1.483)	2.638 (1.492)	2.459 (1.407)
Age	−0.050*** (−5.429)	−0.050*** (−5.435)	−0.062*** (−3.929)	−0.065*** (−4.140)	−0.066*** (−4.223)	−0.063*** (−4.026)
IND	控制	控制	控制	控制	控制	控制
Year	控制	控制	控制	控制	控制	控制
N	852	852	370	370	370	370
F	19.32***	20.24***	14.75***	13.62***	12.92***	14.94***
R^2	0.468	0.493	0.600	0.580	0.567	0.618

注：（1）***、**、*分别表示在1%、5%和10%的水平上显著；（2）被解释变量为三年加总的专利申请数。

五、结论与建议

（一）研究结论

在创新战略的大背景下，并购成为促进创新的重要手段。已有研究虽然对并购与创新之间的关系、并购融资特征与财务绩效之间的关系有所涉及（Hitt 等，1991b；Ahuja 和 Katila，2001；温成玉和刘志新，2011；Bena 和 Li，2014），但是一方面没有考虑动因差异对主并方创新绩效的影响，另一方面没有将支付方式和融资方式进行区分，这将使结论的可靠性存疑。本节在已有文献的基础上，将并购样本区分为是否具有创新动因，基于不同动因分析包括支付方式和融资方式在内的融资决策对主并方创新绩效的影响。本节以我国沪深两市上市公司 2012—2015 年的 572 例并购事件为研究样本，对比并购前后主并方的创新绩效，验证了创新动因对主并方创新绩效的积极作用，以及融资决策（并购支付方式及并购融资方式）在并购动因与主并方创新绩效之间的调节作用。

（1）创新动因的并购对主并方的创新绩效具有显著的促进作用，但这种促进作用需要整合吸收后才能得以实现，因此有一定时滞性。获利是企业并购的最终目的，这种利益既可以是规模效应的获取、交易费用的内部化以及创新绩效的提升等长期利益，也可以是以获取买卖差价为代表的短期投资收益。并购动因的差异导致衡量并购成功与否的评价指标有所不同，而创新动因的并购以提升主并方创新绩效为动力，因此创新产出指标更能直观反映其成效。

（2）相比现金支付，股票支付将弱化创新动因与主并方创新绩效之间的关系；而在现金支付的并购活动中，与使用自有资金相比，股票融资将强化创新动因对主并方创新绩效的积极影响，债务融资则有相反效果。

（二）政策建议

根据本节主要结论，提出如下建议：

（1）创造和把握市场机会，发挥并购对创新的积极作用。作为市场的重要参与者，无论是企业还是政府都应该重视并购对创新的积极影响。从企业层面看，本节建议我国企业在努力提高自主研发能力，获取自主知识产权的同时，积极探寻获取创新资源和能力的外部途径。同时主并方应当根据双方技术情况、创新习惯、资源条件等对目标方进行适当的整合，留住关键技术人员以提升自身持续创新能力。从政府层面来看，本节建议我国政府在制度上鼓励企业通过并购提升创新能力，从税收政策、融资渠道上对具有创新动因的并购提供支持，并在整个并购过程中发挥监管作用，将企业并购资金来源等信息披露纳入法规体系，提高信息透明度。

（2）改善并购融资环境，拓宽外部融资渠道和资金来源，实现融资方式创新。并购业务的发展需要拓宽融资渠道，目前来看当使用现金支付时，发行股票筹集现金对创新的促进效果更好，这需要进一步完善资本市场，发挥监管部门在解决信息不对称问题上的重要作用。债务资金虽然目前来看不利于创新，但资金提供方的利益诉求和管理方式可能在未来发生改变，需要引导金融机构和非金融机构的资金合理参与并购活动，尤其是创新动因的并购活动，以促进创新战略的落实。

第三节　并购的创新动因、知识规模与创新绩效

一、引言

习近平总书记高度重视“创新”，围绕创新发表过一系列重要讲话，涉及行业广泛、影响深远。党的十九大强调“创新是引领发展的第一动力，要坚定实施创新驱动发展战略”，明确提出从 2020 年到 2035 年中国跻身创新型国家前列的目标。在全球产业向创新驱动转型以及中国经济进入“新常态”的时代大背景下，为了实现这一目标，我国经济结构亟待优化升级，企业的发展必须由要素驱动、投资驱动过渡到创

新驱动。在资本市场中，越来越多的企业选择通过兼并、收购的方式快速扩大自身规模，以达到跨越式发展的目的。

近年来，苹果、Facebook 等以创新著称的企业迅速占领美国企业市值排行榜前列，可以看出，知识、技术、创新是企业竞争力的核心要素，本节将以上要素统称为创新性资源。企业想要突破壁垒获取新的增长点无疑需要创新性资源。创新可以由公司内部研发产生，也可以通过外部渠道获取，并购则是一种通过外部渠道获取创新性资源的方式，也称之为外部创新，是对内部研发的补充和替代。因此，以获取创新性资源为动因的并购逐年增加。在以往的并购市场中，企业将目光更多地集中在并购带来的协同效应，衡量并购是否为企业带来价值时，主要考察并购是否改善了财务绩效、是否扩大了市场规模、是否降低了运营成本等方面。而当今的并购和传统的并购在动因上存在差异，衡量并购的价值不能仅仅局限在财务和市场数据上，创新能力的获取更有可能成为并购中最有价值的收获。

近年来，围绕创新动因的并购已经展开了一些研究。例如，Ahuja 和 Katila（2001）从知识规模的角度出发，研究目标方绝对知识规模、双方相对知识规模及技术相关性等关键特征对并购价值的影响。由于已有研究的样本行业及年份各有不同，最终得出的结论也不尽相同。主并方和目标方都拥有各自的知识库，拥有自身独立的知识和技术，在知识规模和知识内容上都存在一定的差异，整合后是否会产生规模经济和协同效应，是否会对主并方的创新绩效产生正向的影响值得深入研究。

此外，企业能否在并购后较好的吸收目标方的知识资源并加以利用取决于自身的研发转化能力。研发人员作为企业创新的重要力量，也承担着吸收目标方知识资产的任务。顾远东等（2014）发现，企业中研发人员越多对创新的推进作用越强。如果企业具有充足的高质量研发人员将能够更高效的消化吸收目标方的知识资产，帮助主并方获得新的知识单元，突破现有知识壁垒，进而提高企业的创新绩效。换言之，研发人员能够对知识规模与企业创新之间的关系起到调节作用。再者，并购双方的知识整合效率也会影响企业的创新绩效，如果并购双方处于相同行业或者技术上具有相关性，则会降低信息不对称对整合的负面影响，从而加快整合进度，促进主并方快速实现创新绩效的提升。可见，技术相关性也能够对知识规模与企业创新之间的关系起到调节作用。

本节使用2011—2015年上市公司的并购事件为样本，研究发现：

（1）并购动因与主并方创新绩效密切相关，创新动因能带来更好的创新绩效。

（2）在创新动因的并购中，目标方绝对知识规模对并购后主并方的创新绩效产生正向影响。双方的相对知识规模接近度对并购后主并方的创新绩效产生负向影响。

（3）研发人员和并购双方的技术相关性能够加强目标方绝对知识规模与主并方创新绩效之间的正相关关系。

二、理论分析与研究假设

（一）并购动因与创新绩效

创新动因的并购希望通过并购获得目标企业的新产品、新工艺、新流程、新技术或研发团队等资源，这种从外部渠道获取创新的方式称为外部创新，与之相对的是传统的内部创新。那么，企业为什么选择外部创新而不再局限于内部创新呢？第一，内部创新是在企业原始知识积累的基础上进行的创新，会出现知识的重复利用和思维的局限性，限制了创新突破的可能性，并购能够通过获得新知识，拓展企业的知识基础，从而在更广的范围和更深的层次上激发创新。第二，企业的内部创新需要一定的时间，而通过并购进行外部创新则可以在短时间获取企业想要的创新性资源，与内部创新相比，外部创新在速度上具有绝对优势，可以帮助企业及时有效的应对市场竞争环境的变化。第三，内部创新需要投入大量的人力、资金，承担了较大的风险，一旦创新失败将给企业造成巨大的损失。并购则可以通过筛选较为合适的目标，规避创新初期的不确定性，在一定程度上避免内部创新潜在的风险。此外，创新动因的并购发生后，主并方能够运用双方的创新性资源向新领域发展，发挥协同效应，达到规模经济和范围经济，迅速提高创新绩效。

同时，根据资源基础理论，企业资源具有异质性、不可代替性和不可模仿性，正是资源的这些特性使得企业具有不同的市场竞争优势和获利模式。因此，根据“资源位势障碍”理念（Wernerfelt，1984b），取得某一资源优势的企业会继续扩大自身优势，为其他企业设置较高的准入门槛，以防止其他企业的模仿和追赶，使自身在竞争中保持优势地位。类似的，由资源基础观衍生出的知识基础理论认为，企业核心竞争优势是其独特的知识资源。由此可见，知识资源的养成和转移都是比较难以实现的，通过并购则能够较好地实现知识资源的转移，快速获得新的竞争优势，以保证组织的灵活性。通过并购，企业能够解决一些复杂的问题，以更快的速度、更高效的创新去应对竞争环境的变化（Van de Vrande 等，2009）。并购拓展了企业的知识基础，增强了企业的创新能力，因此能够创造出新的竞争优势。

然而，并非所有的并购都以获取创新性资源为目的，有些并购的驱动因素是谋求多元化发展、分散风险等。在这种情况下，很可能由于新企业的加入使得原有的企业运营机制被打乱，导致企业经营状态受到影响，工作效率降低（Haspeslagh 和 Jemison，1991）。由于并购的过程比较复杂，组织和资源的整合需要耗费管理者的大部分精力，如果并购的最初目的不是为了创新绩效的提高，那么管理者将更少有精力去关注企业的创新进程，从而降低了企业的研发投入和创新产出（Ahuja 和 Katila，2001）。另一方面，并购的发起和完成需要较高的经济成本，在一定程度上会占用企业的资金流。企业为了实现经营多元化而进行并购时，会存在挪用研发经费的情况（Constable，1986）。而且，由于研发活动的特殊性，投入的资金和形成的资产很难再改变用途，一旦研发成果没有达到预期，将产生巨大的沉没成本，所以经理人更愿意规避风险，降低对创新的承诺和投入。因此，非创新动因的并购对企业的创新绩效将产生不利的影响。

因此，本节提出假设：

假设 4－8：相比于非创新动因的并购，创新动因的并购更能提升主并方的创新绩效。

（二）目标方绝对知识规模与创新绩效

绝对知识规模是衡量目标方知识基础的指标，绝对知识规模越大，目标方知识基础越多。对于创新动因的并购而言，目标方的绝对知识规模主要从两个方面对主并方的创新绩效产生影响。一方面，主并方通过整合两个不同的知识库，拓展了自身的知识领域，创造了更丰富、更宽广的知识基础，提高了自身的规模经济（Henderson 和 Cockburn，1996）。并购发生后，由于知识的交叉融合，会增强企业的创新产出（Fleming，2001）。由此可见，从企业间整合的角度看，主并方如果能够高效的将自身与目标方的知识基础进行整合，则会产生乘数效应。并且，许多创新成果是通过整合并购双方现有知识，刺激其发生交互作用，进而产生协同效应实现的。目标方绝对知识规模越大，能提供给主并方融合的知识基础也就越丰富，越能够充分发挥双方的协同效应，进而能够更有效地提升创新绩效。另一方面，当一个企业收购了具有丰富知识基础的企业时，主并方除了获得知识基础外，自身的知识吸收能力也会得到提高。Cohen 和 Levinthal（1990）认为，如果一家企业增强了自身的知识基础和研发能力，它吸收和利用外部知识的能力也将得到增强。由此可见，主并方获取的新的知识单元绝不仅仅是目标方创造出来的无形资产，同时也代表着企业获得了运用相关领域知识的能力，这种能力的获得具有更大的价值。因此，创新动因的并购能够增加企业的知识存量，并赋予企业运用新知识的能力，充分发挥两个知识库的交互促进作用，进而提升企业的创新绩效。

由此可见，创新动因的并购是否能够提升主并方的创新绩效，很大程度上取决于目标方是否存在丰富的知识资产，以便达到更理想的研发协同（Ahuja 和 Katila，2001）

因此，本节提出假设：

假设 4－9： 创新动因的并购中，目标方绝对知识规模与并购后主并方的创新绩效正相关。

（三）双方相对知识规模接近度与创新绩效

相对知识规模接近度代表并购双方知识规模的相似程度，衡量方法是目标方知识规模与主并方知识规模的比值。并购中较为常见的是规模较大的成熟企业收购具有创新性资源的中小型企业，通常情况下目标方的知识规模要小于主并方，因此相对知识规模接近度的数值在“0”和“1”之间，相对知识规模接近度数值越大说明双方知识规模越接近，即相对知识规模差异越小。如果出现主并方知识规模小于目标方的情况，可以通过对接近度取倒数的方式使其仍然处于“0”和“1”之间，并且含义仍然为接近度数值越大，双方知识规模越接近。

Haspeslagh 和 Jemison（1991）认为主并方是否能够有效的利用目标方的知识基础在很大程度上取决于两个知识库的交互效应，即互相学习和融合的效果。互相学习需要并购双方同时作为信息的输出者和接受者。如果双方的相对知识规模接近度越高，则双方信息传递更容易达到均衡。但是，双方知识的交互效果不仅在于双方传递信息是否均衡，更在于主并方作为并购后的主导者，是否能够充分识别目标方的知识价值，这将对创新绩效产生重大影响。双方相对知识规模更加接近时，说明双方知识资产规模旗鼓相当，此时主并方会得到相对自身知识规模而言过多的知识资产。由于主并方受自身知识能力限制将不能快速、高效的识别获得的知识资产的价值，进而不能很好地将知识资产转化为创新产出（Cohen 和 Levinthal，1990），因此将不利于主并方创新绩效的改善。具体而言，假设主并方自身知识规模为 100，目标方 A 公司知识规模为 50，目标方 B 公司知识规模为 80，则前者与主并方的相对知识规模接近度为 0.5，后者与主并方的相对知识规模接近度为 0.8，前者相对知识规模接近度数值较小，代表知识规模差异较大。对于主并方而言，在自身知识规模为 100 的能力基础上，吸收 50 的知识规模相较于吸收 80 的知识规模会更加容易。因此并购双方相对知识规模接近度越小，表明知识规模差异越大，越有利于主并方吸收新的知识，进而促进企业创新。由此可见，并购双方相对知识规模接近度与企业创新绩效之间是负相关关系。

此外，并购带给主并方的挑战不仅在于双方知识的交互作用，还在于并购完成后双方企业能否进行高效的整合（Ahuja 和 Katila，2001）。并购必然面临着两家企业的融合，公司会对原有的组织架构、功能设计、研发路径甚至是沟通模式等进行一定的调整，以求高效的吸收和转化新的知识资产，为企业创新绩效的提升做出贡献（Gerpott，2010）。目标方知识规模与主并方接近度较高时，主并方为了吸收与自己不相上下的目标方知识资产，可能不得不打破现行的组织结构和惯例，耗费更多的时间和精力去适应这些改变，增加了整合失败的风险，从而使得整合过程变得更加复杂。由于为了并购后的整合占用了过多的资源，导致只有更少的资源用于企业创新绩效的提升。相反，如果双方的相对知识规模接近度较小，那么主并方所需要改变的程度就相对小一些（Ahuja 和 Katila，2001），将有更多的资源用于企业创新，创新绩效可能越好。

因此，本节提出假设：

假设 4－10：创新动因的并购中，双方的相对知识规模接近度与并购后主并方的创新绩效负相关。

（四）研发人员的调节效应

研发人员一般具有良好的教育背景和丰富的研究经验，具备高学历、高知识等特征，作为企业重要的人才储备是企业发展的关键资源，也是推动企业进行科创研发的重要力量（王锐淇和张宗益，2010）。研发人员越多，越能够有效推进企业的创新进程（马文聪等，2013）。研发人员在现有知识的基础上不断拓展知识边际，并通过对新获取的知识的研究与原有知识产生交互作用和协同效应，从而激发企业研发新产品，为企业提供可持续的竞争力（朱磊等，2016）。

企业进行创新动因的并购后获取了目标公司的知识资产，拓展了自身的知识基础，那么当有大量的知识资产涌入时，主并方能否快速消化吸收这些知识从而促进公司创新绩效的提升呢？研发人员的转换能力将是影响这一问题的关键因素。大量的高素质研发人员可以更好地消化新知识，转化为主并方自身可利用的知识，从而增加创新绩效。公司的研发人员占公司员工总人数的比例不仅能够反映公司对创新的重视程度，也能够在一定程度上反映其吸收和转化的能力。研发人员比例越高说明公司整体上越有能力完成知识的转化，并且能够保证创新的持续进行（王锐淇和张宗益，2010；顾远东等，2014），不断提高企业创新绩效。可见，研发人员能够调节目标方绝对知识规模与主并方创新绩效之间的关系。

因此，本节提出假设：

假设4－11：创新动因的并购中，研发人员比例越高，越能够加强目标方绝对知识规模与主并方创新绩效之间的正相关关系。

如果目标方知识规模与主并方接近，这说明并购双方创新能力相当，需要主并方有更大的承受能力去消化吸收这些新知识资产。当主并方拥有足够的研发人员，拥有了较强的知识转化能力时，则能在相同时间内消化吸收更多的目标方的知识基础，从而缩短双方的融合时间，缓解了目标方较大的知识规模对主并方创新可能产生的不利影响。此外，目标方知识规模与主并方越接近，并购整合过程会占用管理者更多的注意力、占用企业更多的资源。如果企业有完善的研发团队和充足的研发人员则会有更多的资源和精力聚焦于企业的科创研发，对企业创新起到保障作用，因此，充足的研发人员能够缓解并购双方相对知识规模接近度与主并方创新绩效的负相关关系。

因此，本节提出假设：

假设4－12：创新动因的并购中，研发人员比例越高，越能够缓解双方相对知识规模接近度与主并方创新绩效之间的负相关关系。

（五）技术相关性的调节效应

从不确定性的角度来看，创新动因的并购中目标方的价值并不体现为常见的有形资产，其未来发展通常具有更高的不确定性。当并购双方信息不对称时，如何有效评估目标方的知识资产价值就变得十分重要。如果双方具有较强的技术相关性，双方之间的信息不对称性就会大幅度降低，对资产价值的评估将更加准确，有利于并购的顺利完成。

根据学习吸收理论的观点，当并购双方处于同一行业或者知识、技术具有相关性时，主并方学习、吸收目标方知识资产的效果会更好（Cohen和Levinthal，1990）。主要原因是双方技术具有相关性时，能够很好地理解对方知识资源的价值，从而使得主并方能够充分认识并利用新获得的知识资源，通过协同效应或者再创新提高企业的创新绩效。技术相关性也会使得双方在并购后融合的过程更加快速和高效，会大幅度降低不同组织间的摩擦（Grant，1996）。这主要是因为技术相关的企业之间的经营范围和行为模式具有一定的相似性，双方之间的互斥性较低，能够更加顺利地进行整合。相反，Kogut 和 Zander（1992）的研究表明，如果并购双方不在同一行业，对对方的领域了解不够透彻，那么双方企业在创新认知及创新推进等方面会存在较大的不同，还有可能会存在相互抵触的情况，通常这样的情况都不利于知识的整合，从而不利于增加主并方的创新绩效。

因此，本节提出假设：

假设 4－13：创新动因的并购中，并购双方技术相关性越高，越能够加强目标方绝对知识规模与主并方创新绩效之间的正相关关系。

根据前文分析，当并购双方相对知识规模接近度数值较大时，说明双方知识规模差异较小，主并方需要作出的整合改变更大，会占用管理者更多的注意力和企业更多的资源。此时如果并购双方处于同一行业或者技术相关时，企业更为熟悉新获得的知识资产，有相关的知识存量，则更能够迅速理解并消化新的知识资产，从而缩短双方的融合时间。这将有利于提高双方知识资产的整合效率，进而有利于企业创新产出。因此，技术相关性能够缓解并购双方相对知识规模接近度对主并方并购后创新绩效的负面影响。

因此，本节提出假设：

假设 4－14：创新动因的并购中，并购双方技术相关性越高，越能够缓解双方相对知识规模接近度与企业创新绩效之间的负相关关系。

三、研究设计

（一）样本选择

本节从万德（Wind）数据库中搜集整理了 2011—2015 年的并购事件，并根据研究需要对并购事件进行了筛选。选取 A 股非 ST 上市公司的并购事件，主并方通过并购获得了目标方50%以上的股权，剔除重要变量不全的样本，如果主并方在同一年内有多起符合条件的并购事件，选取交易规模最大的并购事件。经过筛选，本节共获得470个原始样本。为了使不同并购动因的样本的对比更加准确，本节对其进行了倾向得分匹配（PSM）。在匹配模型中，本节使用了企业基本特征、企业财务特征、企业竞争能力特征等变量，其中并购动因（IDMA）根据上市公司公告手工搜集和判断，如果并购为创新动因，则IDMA取值为1，否则取值为0。470个原始样本中创新动因的并购样本215个，非创新动因的并购样本255个。其他变量定义见表4－18。

表4－18 PSM模型的变量定义

变量名称	变量符号	变量定义
并购动因	IDMA	创新动因的并购取值为1，其他并购取值为0
公司规模	Size	并购当年主并方总资产的自然对数
公司年龄	Age	公司成立至并购时的年份数
资产负债率	LEV	并购当年主并方的资产负债率
总资产收益率	ROA	并购当年主并方的总资产收益率
托宾Q值	Q	并购当年市场价值/账面价值
研发投入	R&D	并购当年主并方研发投入占营业收入的比例
行业背景	Company	是否为高新技术行业企业，是则取1，否则取0
市场势力	M－Power	并购当年的市场势力＝营业收入/营业成本
员工文化水平	Edu	并购当年公司本科文凭以上（包含）员工所占比例
行业	IND	行业虚拟变量
年度	Year	年度虚拟变量

其中公司规模、年龄、行业、财务特征和主并方专利申请数量均从国泰安（CSMAR）数据库采集，但是由于目标方多数为非上市公司，数据库没有收录其相关专利情况，所有目标方专利情况为手工搜集，主要来自国家专利网站（http://www.pss-system.gov.cn）。

PSM匹配的模型为4－12，按最邻近匹配原则，1:1不可重复配对，回归结果见表4－19。

$$\text{IDMA} = \alpha_0 + \alpha_1 \text{Size} + \alpha_2 \text{Age} + \alpha_3 \text{LEV} + \alpha_4 \text{ROA} + \alpha_5 Q + \alpha_6 \text{R\&D} + \alpha_7 \text{Company} + \alpha_8 \text{M} - \text{Power} + \alpha_9 \text{Edu} + \varepsilon \tag{4-12}$$

表 4－19　PSM 的 Logit 回归结果

变量	系数
Size	－0.288*** (－2.87)
Age	－0.056 (－1.00)
LEV	－0.536* (－1.98)
ROA	5.918*** (2.42)
Q	0.083* (1.89)
R&D	0.050* (1.93)
Company	1.276*** (5.68)
M－Power	0.543 (0.65)
Edu	0.732 (0.35)
Constant	3.744*** (3.66)
IND	控制
Year	控制
Pseudo R^2	0.153
N	470

注：***、**、*分别表示在1%、5%、10%的水平下显著。

最终得到创新动因和非创新动因的样本各 137 个，共 274 个并购样本。PSM 配对后样本的平衡性测试如表 4－20 所示。根据表 4－20 的结果，匹配前创新动因的并购和非创新动因的并购各变量间存在显著差异，经过 PSM 匹配后，各变量已不存在显著差异。

表 4-20 平衡性测试结果

变量	经 PSM 处理后样本				初始研究样本			
	实验组	控制组	偏差/%	*T* 值	实验组	控制组	偏差/%	*T* 值
Size	21.794	21.693	8.0	0.37	21.712	22.226	-41.2	-4.35***
LEV	0.386	0.395	-4.0	-0.38	0.369	0.445	-36.7	-3.92***
ROA	0.042	0.042	-0.8	-0.06	0.049	0.038	24.8	2.64***
Q	2.649	2.409	7.0	1.16	3.447	2.204	36.4	4.03***
R&D	0.047	0.050	-6.6	-0.57	0.054	0.036	41.9	4.51***
Company	0.659	0.665	-1.2	-0.11	0.703	0.459	30.4	5.41***

（二）变量定义

1. 创新绩效（Innchg）

参考 Lerner 等（2011）、Faleye 等（2014）和陈玉罡等（2015）的做法，本节用并购后两年的专利申请数平均值（Innafter）与并购前两年的专利申请数平均值（Innbefore）之差（Innchg）作为因变量来衡量主并方的创新绩效。

2. 并购动因（IDMA）

并购动因的取值规则如前文 PSM 阶段所述，根据上市公司公告手工搜集和判断，如果并购为创新动因，则 IDMA 取值为 1，否则取值为 0。

3. 目标方绝对知识规模（ABS）和并购双方相对知识规模接近度（RLS）

目标方绝对知识规模使用目标方被并购前五年专利申请数的总量度量。并购双方的相对知识规模接近度使用目标方被并购前五年的专利申请总数与主并方在并购前五年的专利申请总数相除得到。该数值越大表示并购双方相对知识规模接近度越大，该数值越小表示并购双方相对知识规模接近度越小。为了使该数值与相对知识规模接近度正相关，如果双方知识规模相除之后结果大于 1，则对其取倒数。

4. 调节变量

调节变量研发人员比例（Percent）和技术相关度（Relate）数据来自公司年报和相关并购公告。研发人员比例使用主并方并购当年研发人员占员工总人数比例度量，技术相关度为虚拟变量，并购双方行业相同时取值为1，否则为0。

5. 控制变量

本节使用公司规模（Size）、总资产收益率（ROA）、研发投入（R&D）等作为控制变量。

变量定义如表4－21所示。

表4－21　变量定义

变量名称	变量符号	变量定义
创新绩效	Innchg	Innchg = Ln［（主并方并购后第一年专利申请数＋并购后第二年专利申请数）/2］－Ln［（并购前一年专利申请数＋并购前第二年专利申请数）/2］
并购动因	IDMA	创新动因的并购样本取值为1，否则为0
目标方绝对知识规模	ABS	Ln（目标方并购前五年专利申请数）
并购双方相对知识规模接近度	RLS	目标方并购前5年的专利申请总数/主并方在并购前5年的专利申请总数（如果结果大于1则取倒数）
技术相关度	Relate	并购双方行业相同取值为1，行业不相同取值为0
研发人员比例	Percent	主并方并购当年研发人员占员工总人数的比例
公司规模	Size	并购当年主并方总资产的自然对数
总资产收益率	ROA	并购当年主并方的总资产收益率
资产负债率	LEV	并购当年主并方的资产负债率
研发投入	R&D	并购当年主并方研发投入占营业收入的比例
主并方并购前创新水平	Innbefore	Innbefore = Ln［（主并方并购前一年专利申请数＋并购前第二年专利申请数）/2］
行业	IND	行业虚拟变量
年度	Year	年度虚拟变量

（三）模型构建

本节针对假设 4 – 8 建立了模型 4 – 13：

$$\text{Innchg} = \alpha_0 + \alpha_1 \text{IDMA} + \sum \text{Controls} + \varepsilon \qquad (4-13)$$

为验证假设 4 – 9 和假设 4 – 10，本节用创新动因并购的样本为研究对象，即并购动因（IDMA）取值为 1 的样本，运用模型 4 – 14 进行分析。

$$\text{Innchg} = \alpha_0 + \alpha_1 \text{ABS/RLS} + \sum \text{Controls} + \varepsilon \qquad (4-14)$$

为验证调节变量的作用，即验证假设 4 – 11 到假设 4 – 14，本节建立了模型 4 – 15、模型 4 – 16。

$$\text{Innchg} = \alpha_0 + \alpha_1 \text{ABS/RLS} + \alpha_2 \text{Percent} + \alpha_3 \text{ABS/RLS} \cdot \text{Percent} + \sum \text{Controls} + \varepsilon \qquad (4-15)$$

$$\text{Innchg} = \alpha_0 + \alpha_1 \text{ABS/RLS} + \alpha_2 \text{Relate} + \alpha_3 \text{ABS/RLS} \cdot \text{Relate} + \sum \text{Controls} + \varepsilon \qquad (4-16)$$

四、实证结果

（一）描述性统计

变量的描述性统计（表 4 – 22）显示，创新绩效（Innchg）均值为 –0.03，平均来看结果并不好，即并购后主并方的专利申请数反而出现下降。目标方绝对知识规模（ABS）均值为 1.71，并购双方相对知识规模接近度（RLS）均值为 0.291。并购过程中，双方的技术相关性均值（Relate）为 0.53，样本中同行业并购与跨行业并购分布较均匀。研发人员占员工总人数的比例（Percent）均值为 22.8%。

表 4－22　描述性统计

变量	样本数	均值	最小值	最大值	标准差
Innchg	274	－0. 030	－2. 839	5. 791	1. 316
ABS	274	1. 710	0. 000	7. 286	1. 385
RLS	274	0. 291	0. 000	0. 983	0. 289
Percent	274	0. 228	0. 000	0. 846	0. 200
Relate	274	0. 530	0. 000	1. 000	0. 500
Size	274	21. 744	19. 929	26. 327	1. 414
ROA	274	0. 048	－0. 222	0. 153	0. 048
LEV	274	0. 391	0. 039	0. 961	0. 215
R&D	274	0. 049	0. 000	0. 421	0. 060
Innbefore	274	1. 639	0. 000	4. 331	1. 175

（二）相关性分析

各变量间的 Pearson 相关系数结果见表 4－23。相关性分析显示，ABS 与 Innchg 的相关系数显著为 0. 433，表明目标方绝对知识规模与主并方创新绩效正相关。RLS 与 Innchg 的相关系数显著为－0. 091，表明并购双方相对知识规模接近度与创新绩效负相关。Percent 与 Innchg 的相关系数显著为 0. 12，Relate 与 Innchg 的相关系数显著为 0. 163。

（三）回归分析

表 4－24 的结果显示，并购动因（IDMA）的系数为 0. 319 并在 5% 的水平下显著，这说明并购动因显著影响并购后主并方的创新绩效，创新动因的并购能带来更好的创新绩效。研发投入（R&D）、总资产收益率（ROA）等与创新绩效显著正相关。

为了考察创新动因的并购中知识规模对创新绩效的影响，本节以创新动因的并购样本为研究对象，通过模型 4－14 进行分析。从表 4－24 中可以看出，目标方的绝对知识规模与创新绩效在 5% 的水平下显著正相关，说明目标方的绝对知识规模越大越有助于主并方创新能力的增强。并购双方的相对知识规模接近度系数显著为负，说明并购双方的相对知识规模越接近，则越不利于并购后主并方创新绩效的提升，支持了假设 4－9、假设 4－10。

表 4－23 相关性分析

变量	Innchg	ABS	RLS	Percent	Relate	Size	ROA	LEV	R&D	Innbefore
Innchg	1									
ABS	0.433**	1								
RLS	-0.091*	0.136**	1							
Percent	0.120**	0.344**	-0.229**	1						
Relate	0.163**	0.231**	-0.025	0.101*	1					
Size	-0.096*	0.141**	0.056	-0.092*	-0.028	1				
ROA	0.202**	0.108*	-0.096*	0.146**	-0.022	-0.055	1			
LEV	-0.046	0.005	0.001	-0.143**	-0.006	0.421**	-0.379**	1		
R&D	0.197**	0.107*	0.058	0.185**	0.073	-0.232**	0.151**	-0.245**	1	
Innbefore	-0.208**	0.339**	-0.086	0.339**	0.049	0.065	0.05	-0.115*	0.184**	1

注：***、**、*分别表示在1%、5%、10%的水平下显著。

表 4－24　PSM 样本回归结果

模型	模型 4－13	模型 4－14	模型 4－14
变量	PSM 样本	IDMA＝1	IDMA＝1
IDMA	0.319** (2.33)		
ABS		0.158* (2.09)	
RLS			－0.901** (－2.36)
Size	0.061 (1.10)	0.025 (0.34)	0.041 (0.54)
ROA	8.039*** (4.91)	8.062*** (3.46)	6.182*** (2.81)
LEV	－0.185 (－0.47)	－0.688 (－1.31)	－0.834 (－1.58)
R&D	9.917*** (8.31)	10.888*** (7.22)	10.919*** (7.27)
Innbefore	－0.216*** (－3.65)	－0.387*** (－5.00)	－0.397*** (－5.14)
IND	控制	控制	控制
Year	控制	控制	控制
Constant	－2.033* (－1.74)	－0.779 (－0.51)	－0.504 (－0.33)
N	274	137	137
F	13.187***	13.028***	13.267***
R^2	0.263	0.414	0.419

注：***、**、*分别表示在1%、5%、10%的水平下显著。

模型 4－15 中加入了主并方研发人员比例（Percent），验证其调节作用。根据表 4－25 的结果可以发现，目标方绝对知识规模与研发人员比例的交乘项（ABS · Percent）的系数为 0.848 且在 1% 的水平下显著，说明研发人员能够加强目标方绝对知识规模与公司创新绩效的正相关关系，假设 4－11 得到了验证。并购双方相对知识规模接近度与研发人员比例的交乘项（RLS · Percent）的系数为 -0.142，未通过显著性检验，假设 4-12 没有得到支持。这可能是因为当并购双方相对知识规模接近度较高时，目标方的研发团队实力也可能较强，即使主并方研发人员占比较高，也无法很快与其形成有效整合来促进创新活动迅速取得成果。

表 4-25 调节效应回归结果

变量	模型 4-15	模型 4-15	模型 4-16	模型 4-16
ABS	0.046 (0.58)		-0.032 (-0.57)	
RLS		-0.665 (-1.46)		-0.449 (-1.42)
Percent	0.952** (2.10)	0.763 (1.59)		
Relate			0.382** (2.13)	1.139*** (5.46)
ABS · Percent	0.848*** (3.59)			
RLS · Percent		-0.142 (-0.13)		
ABS · Relate			0.730*** (7.20)	
RLS · Relate				0.417 (0.98)
Size	-0.002 (-0.02)	0.047 (0.64)	0.063 (1.24)	0.101 (1.66)
ROA	7.534*** (3.35)	6.755*** (3.01)	4.68*** (2.92)	4.156** (2.30)
LEV	-0.452 (-0.90)	-0.802 (-1.52)	-0.477 (-1.32)	-0.825* (-1.89)
R&D	10.442*** (7.29)	10.785*** (7.17)	4.838*** (4.10)	8.863*** (7.09)
Innbefore	-0.323*** (-4.23)	-0.405*** (-5.24)	-0.323*** (-6.09)	-0.372*** (-5.86)

续表

变量	模型 4-15	模型 4-15	模型 4-16	模型 4-16
IND	控制	控制	控制	控制
Year	控制	控制	控制	控制
Constant	-0.654 (-0.44)	-0.854 (-0.55)	-1.664 (-1.57)	-2.353* (-1.84)
N	137	137	137	137
F	13.328***	10.917***	37.811***	22.763***
R^2	0.475	0.422	0.73	0.615

注：***、**、*分别表示在1%、5%、10%的水平下显著。

模型4-16加入了并购双方技术相关性（Relate），验证其调节作用。根据表4-25的结果可以发现，目标方绝对知识规模与技术相关性的交乘项（ABS·Relate）的系数为0.73且在1%的水平下显著，说明技术相关性能够加强目标方绝对知识规模与主并方创新绩效的正相关关系，假设4-13得到了支持。并购双方相对知识规模接近度与技术相关性的交乘项（RLS·Relate）的系数为0.417，但并不显著，没有支持假设4-14。这可能是因为，当并购双方知识规模更加接近时，意味着双方的创新资源不相上下，整合起来需要在机构设置、管理流程、资源耗用等方面进行更多改变。这些问题超过了双方同属一行业所带来的互相了解，致使协同效应的产生遇到较大阻力。

（四）稳健性检验

本节采用两种方式进行稳健性检验。首先是对未进行PSM前的全样本进行回归，从全样本角度再次检验各项假设（见表4-26、表4-27）。然后，因为创新绩效的衡量指标较多，本节参考相关文献，使用专利授权数替代专利申请数再次进行检验。专利授权数的衡量方式为Innchg1 = Ln[（主并方并购后第一年专利授权数 + 并购后第二年专利授权数)/2] - Ln[（并购前一年专利授权数 + 并购前第二年专利授权数)/2]。使用专利授权数作为因变量的检验结果见表4-28、表4-29。

两种稳健性检验结果基本与前文实证结果一致。

表 4-26 全样本检验结果

模型	模型 4-13	模型 4-14	模型 4-14
变量	全样本	IDMA = 1	IDMA = 1
IDMA	0.230* (1.86)		
ABS		0.185*** (2.59)	
RLS			-0.848*** (-2.85)
Size	-0.052 (-1.20)	-0.022 (-0.34)	0.005 (0.07)
ROA	7.049*** (5.37)	10.283*** (4.62)	8.536*** (3.93)
LEV	0.354 (1.08)	0.467 (0.93)	0.311 (0.62)
R&D	2.797* (1.78)	5.949*** (2.76)	6.578*** (3.03)
Innbefore	-0.435*** (-9.31)	-0.445*** (-6.46)	-0.479*** (-7.02)
IND	控制	控制	控制
Year	控制	控制	控制
Constant	1.046 (1.13)	0.036 (0.03)	0.102 (0.07)
N	470	215	215
F	16.174***	8.969***	9.203***
R^2	0.206	0.23	0.235

注：***、**、*分别表示在1%、5%、10%的水平下显著。

表 4-27 全样本调节效应检验结果

模型	模型 4-15	模型 4-15	模型 4-16	模型 4-16
变量	IDMA = 1	IDMA = 1	IDMA = 1	IDMA = 1
ABS	0.081 (0.94)		-0.068 (-1.20)	

续表

模型	模型 4-15	模型 4-15	模型 4-16	模型 4-16
变量	IDMA = 1	IDMA = 1	IDMA = 1	IDMA = 1
RLS		-0.924 (-1.46)		-0.142 (-0.40)
Percent	-0.995* (-1.77)	-0.316 (-0.39)		
Relate			0.232 (1.25)	1.672*** (7.72)
ABS · Percent	0.637** (2.32)			
RLS · Percent		0.093 (0.05)		
ABS · Relate			0.913*** (9.58)	
RLS · Relate				-0.861 (-1.65)
Size	0.003 (0.05)	-0.002 (-0.02)	0.012 (0.39)	0.006 (0.11)
ROA	9.831*** (3.05)	10.274*** (4.55)	6.363*** (3.43)	4.180** (2.24)
LEV	0.415 (0.81)	0.391 (0.76)	0.175 (0.43)	0.037 (0.09)
R&D	5.652** (2.61)	6.257*** (2.88)	3.938** (2.26)	3.196 (1.64)
Innbefore	-0.423*** (-6.00)	-0.448*** (-6.41)	-0.396*** (-7.09)	-0.445*** (-7.81)
IND	控制	控制	控制	控制
Year	控制	控制	控制	控制
Constant	-0.406 (-0.28)	-0.321 (-0.22)	-0.827 (-0.74)	-0.224 (-0.20)
N	215	215	215	215
F	7.889***	7.388***	22.38***	20.046***
R^2	0.244	0.230	0.500	0.471

注：***、**、*分别表示在1%、5%、10%的水平下显著。

表 4 - 28 替换因变量的检验结果

模型	模型 4 - 13	模型 4 - 14	模型 4 - 14
变量	全样本	IDMA = 1	IDMA = 1
IDMA	0. 213 * (1. 70)		
ABS		0. 18 ** (2. 52)	
RLS			- 0. 837 *** (- 2. 81)
Size	- 0. 051 (- 1. 18)	- 0. 018 (- 0. 28)	0. 008 (0. 13)
ROA	7. 043 *** (5. 36)	10. 217 *** (4. 59)	8. 508 *** (3. 92)
LEV	0. 351 (1. 07)	0. 457 (0. 91)	0. 302 (0. 60)
R&D	2. 752 * (1. 75)	5. 872 *** (2. 73)	6. 496 *** (3. 00)
Innbefore	- 0. 434 *** (- 9. 27)	- 0. 441 *** (- 6. 42)	- 0. 476 *** (- 6. 97)
IND	控制	控制	控制
Year	控制	控制	控制
Constant	1. 044 (1. 133)	- 0. 007 (- 0. 005)	0. 054 (0. 039)
N	470	215	215
F	15. 976 ***	8. 807 ***	9. 062 ***
R^2	0. 203	0. 226	0. 232

注：***、**、* 分别表示在 1%、5%、10% 的水平下显著。

表 4 - 29 替换因变量的调节效应检验结果

模型	模型 4 - 15	模型 4 - 15	模型 4 - 16	模型 4 - 16
变量	IDMA = 1	IDMA = 1	IDMA = 1	IDMA = 1
ABS	0. 074 (0. 87)		- 0. 067 (- 0. 81)	

续表

模型	模型 4 - 15	模型 4 - 15	模型 4 - 16	模型 4 - 16
变量	IDMA = 1	IDMA = 1	IDMA = 1	IDMA = 1
RLS		- 1.259** (- 2.62)		- 0.145 (- 0.41)
Percent	- 0.995* (- 1.77)	- 0.639 (- 0.94)		
Relate			0.754*** (3.19)	1.663*** (7.69)
ABS · Percent	0.646** (2.35)			
RLS · Percent		1.453 (1.08)		
ABS · Relate			0.412*** (3.60)	
RLS · Relate				- 0.831 (- 1.59)
Size	0.007 (0.10)	0.022 (0.31)	0.024 (0.46)	0.012 (0.18)
ROA	9.75*** (4.34)	8.466*** (3.85)	6.292*** (3.39)	4.162** (2.23)
LEV	0.407 (0.80)	0.181 (0.35)	0.165 (0.41)	0.032 (0.08)
R&D	5.563** (2.58)	6.793*** (3.10)	3.86** (2.21)	3.154 (1.62)
InnBefore	- 0.419*** (- 5.95)	- 0.491*** (- 6.94)	- 0.393*** (- 7.04)	- 0.441*** (- 7.71)
Year	控制	控制	控制	控制
IND	控制	控制	控制	控制
Constant	- 0.414 (- 0.23)	- 0.058 (- 0.04)	- 0.868 (- 0.78)	- 0.274 (- 0.24)
N	215	215	215	215
F	7.774***	7.405***	22.194***	19.895***
R^2	0.224	0.213	0.498	0.469

注：***、**、* 分别表示在 1%、5%、10% 的水平下显著。

五、结论与建议

（一）研究结论

并购双方各方面的实力差异都可能影响并购后的整合效果。本节主要关注在区分并购动因后，双方原有的知识规模将如何影响主并方并购后的创新绩效。本节以国内上市公司2011—2015年度的并购事件为研究对象，并区分为创新动因及非创新动因，有如下研究发现：

（1）相较于非创新动因的并购，创新动因的并购更能提升主并方的创新绩效。在创新动因的并购中，目标方绝对知识规模对主并方创新绩效产生正向影响。目标方的绝对知识规模代表了目标企业的知识存量，能够一定程度上反映其研发能力和创新能力，绝对知识规模越大越能够促进主并方创新绩效的提升。并购双方的相对知识规模接近度对并购后主并方的创新绩效产生负向影响，即并购双方相对知识规模越接近，企业的创新绩效越差。虽然两个规模相当的知识库能够为主并方提供更多可利用的知识资源，但是也增加了企业吸收知识的难度，企业的组织架构等也要进行较高程度的改变和调整，这些都会影响整合的进程和效果，不利于企业创新绩效的提高。

（2）研发人员比例能够加强目标方绝对知识规模与主并方创新绩效之间的正相关关系。研发人员作为企业高素质人才，承担着助推企业发展的重要责任，其对知识的吸收和转化能力是提高企业创新绩效的关键。但是研发人员比例没有能够影响并购双方相对知识规模接近度与主并方创新绩效之间的关系。可能的原因是虽然研发人员具有提升企业创新的能力，但是当目标方的知识规模与主并方接近时，往往意味着其研发团队实力也可能较强，即使主并方研发人员占比较高，也无法起到主导作用，无法很快与其形成有效整合来促进创新活动迅速取得成果。

（3）并购双方的技术相关性能够加强目标方绝对知识规模与企业创新绩效之间的关系。在发起并购和并购整合两阶段中，技术相关性能够降低双方信息的不对称性，从而提升并购效果，促进创新绩效。但是，技术相关性对并购双方相对知识规模接近度与主并方创新绩效之间的调节作用没有得到证实，假设4－14没有得到证实的原因与假设4－12具有一定的共通性，即技术相关性对企业创新的有利影响不足以弥补并购双方相对知识规模接近度对创新绩效的负向作用。

（二）政策建议

根据研究结论，本节提出如下建议：

（1）企业在并购时应充分关注目标方的知识基础及双方的知识差异。企业在并购活动中应当更加注重目标方的知识积累，以达到通过并购促进自身创新的目的。与此同时，也要考虑并购双方的知识规模差异，以及研发人员、技术相关程度等影响因素，促进企业并购后的知识融合及转化，减少整合过程中不必要的摩擦和消耗，更有效地利用新知识资源提高企业创新绩效。

（2）监管机构应健全知识产权保护制度，以鼓励企业创新。经过多年的发展，我国知识产权保护制度逐渐得到完善，但是仍然存在一定的局限和疏漏，不利于调动创新的积极性。为了更好地保护专利所有人的知识产权，鼓励企业积极创新，应当全力完善相关法律法规，使得企业更加愿意为创新付出更多的资源和时间，从而提高创新绩效，顺利实现向创新驱动转型的战略任务。

第四节　主并方的银行债务压力与创新绩效

一、引言

随着股权分置改革的完成及多层次资本市场的蓬勃发展，企业的并购活动日益增多，逐渐成为资本市场重要的新生力量。在并购热潮中，主并方需要有足够的资金保证并购顺利实施，特别是面向新技术、新产品等业内领先标的的并购，价格可能更加高昂。目前支付并购对价的方式主要有：自有现金支付、发行股份支付、发行股份筹集资金支付、通过负债筹集资金支付等，其中银行贷款是并购时进行债务融资的重要途径。尤其自2008年银监会不断规范并购贷款后，目前并购贷款可以占并购资金总额的60%以上。

然而，由于客观存在的代理问题及信息不对称问题引发的融资约束，使得主并方面临较大的银行债务压力，严重影响了企业的创新绩效。一方面，管理层与股东之间的代理问题使管理层在决策中偏好做出保护自身利益的决定。在并购中使用银行贷款支付对价，偿债压力带来的风险使得管理层更倾向于谨慎保守发展，而创新具有高风险、高未知的特征，管理层可能会规避创新。另一方面，企业为了保持竞争优势，避免创新成果外泄，可能会使外部债权人不了解企业真实情况，从而加强对企业的监管并收紧还款政策，导致主并方的创新存在融资约束。

已有研究主要从并购动因、知识产权保护等角度探索其对创新能力或绩效的影响，关于主并方的银行债务压力对企业创新的影响关注相对较少。因此，本节选取2011—2015年的上市公司并购事件作为研究样本，研究主并方的银行债务压力对其创新绩效的影响，结果表明：

（1）贷款强度越高越不利于主并方并购后的创新绩效；

（2）贷款仅来自一家银行将不利于主并方的创新；

（3）创新动因的并购能有效缓解债务压力对主并方创新绩效的抑制作用；

（4）地区知识产权保护能有效缓解债务压力对主并方创新绩效的抑制作用。

二、理论分析与研究假设

（一）主并方的银行债务压力与创新绩效

本节将银行的债务压力划分为贷款强度和银行竞争两个角度。

1. 贷款强度与创新绩效

贷款强度可以理解为企业的银行债务负担（田利辉，2004）。对于主并方而言，贷款强度对企业创新的影响主要来自两个方面。一方面，银行贷款为企业提供了充足的现金流，为企业并购后开展业务、进行创新提供支持；而另一方面，贷款强度过大会给企业带来沉重的债务压力，结合创新产出不可突破的周期性，将导致企业在进行战略部署时有所顾忌，最终阻碍企业创新。总的来看，并购本身即具有相当风险，并购后的创新活动更使风险叠加。银行贷款的主要特征之一是具有固定收益，并不会由于贷款使用方将其投入高风险项目而使银行获得高收益。这也就使银行资金并不主动偏好高收益、高风险的不确定性项目，甚至会在签订合同时和债务存续期间对资金用途有所约束，对企业经营情况有所限定。因此虽然银行贷款可以给企业提供一定的资金，但其固有的谨慎性使其对高风险项目具有规避动机，不利于支持企业创新活动。

因此，本节提出假设：

假设 4－15：主并方的银行贷款强度与其并购后的创新绩效负相关。

2. 银行竞争与企业创新

本节将主并方的银行贷款来源分为单一银行贷款以及多家银行竞争两种情况。已有研究发现，银行业的竞争程度直接影响了企业的创新水平（Macey，1997）。一方面，当主并方的银行贷款来自一家银行时，由于银行信息独占，缺少对企业发展与潜力进行评估的动力。而且对于风险较高的借款，银行通常持避让态度（Beck 等，2014），创新活动的高风险性使得银行倾向于回避为其提供资金，将不利于主并方创新活动的顺利进行。另一方面，随着银行业不断市场化，银行间获取和维持客户的竞争会推动银行主动了解企业信息，增量信息一定程度上可以缓解银行与主并方之间的信息不对称，使得企业获取资金的难度降低，缓解融资约束。与此同时，银行间的竞争也会在一定程度上提升银行对高风险项目的承受能力，从而为其提供资金支持。总的来看，银行之间的竞争将有利于促进公司债务融资的创新绩效（唐清泉和巫岑，2015），而如果主并方的银行贷款仅来自一家银行，则不利于其后续的创新。

因此，本节提出假设：

假设4－16： 当主并方贷款来自单一银行时，不利于提高主并方的创新绩效。

（二）并购动因的调节作用

从企业内外部的创新发展来看，开展创新动因的并购可以使企业自身的知识存量得以更新和扩大，为企业及时补充异质化的创新资源，从而提高了企业的创新能力，并产生创新协同效应。此时虽然主并方可能在并购后由于债务压力而使创新资金不足，但通过并购获取的创新资源和能力可以弥补这部分不足。

从代理理论的角度来看，由于创新具有高风险性、高投入性以及长周期性的特征，管理层为保障自身利益可能在并购后消极对待创新，将资金投入更为安全的项目，当资金来自银行贷款时更是如此。但当董事会和股东大会明确企业并购的目标是获取创新资源和能力时，如果管理层不能达到目标的要求，可能会影响其职位的稳固和薪酬的提高。此时管理层为了追求私利而阻碍创新发展的可能性降低，甚至会积极为创新项目提供各项资源，为创新提供良好的发展环境。

因此，本节提出假设：

假设4－17： 对于创新动因的并购，贷款强度对主并方创新绩效的阻碍作用将被削弱。

假设4－18： 对于创新动因的并购，单一银行贷款结构对主并方创新绩效的阻碍作用将被削弱。

（三）知识产权保护的调节作用

关于知识产权保护与创新关系的研究主要存在三种不同观点，即促进论、抑制论和非线性论。促进论认为，知识产权保护有利于创新。知识产权保护能力弱的地区，技术的无偿使用现象更加显著，会导致研发投入动力不足（Hynynen，2013）。抑制论认为，与垄断相悖，竞争环境更有可能促进创新，因此过度的知识产权保护将在一定程度上阻碍技术创新，知识垄断使企业间正常的技术交流和迁移被阻碍，企业创新的自主性将下降，最终阻碍其创新发展（Kanwar，2007）。也有研究提出了非线性知识产权保护说（Leahy 和 Naghavi，2010），认为只有适度的知识产权保护是促进创新的有效途径。

根据信息不对称理论，市场经济活动中的各主体对有关信息的了解有差异。为了防止企业核心技术泄露，企业不愿披露核心研发项目以及成功概率等内部重要信息，而银行在贷款发放以及后续监管时，由于无法掌握内部可靠信息，会谨慎放款并加强监管。如果主并方依托知识产权保护体系将企业的核心技术信息予以公布，能够在一定程度上提高企业外部对于企业实际情况的了解，降低信息不对称程度，从而减少债务压力的负向作用。因此，在知识产权保护能力强的地区，银行将更有意愿为并购企业提供贷款，同时知识产权保护能力对于企业的创新有直接的保护作用，在知识产权保护能力的调节下，债务压力与主并方创新绩效之间的负向关系将被削弱，甚至可以促进企业的创新绩效。

因此，本节提出假设：

假设 4－19：在高知识产权保护区域，贷款强度对主并方创新绩效的阻碍作用将被削弱。

假设 4－20：在高知识产权保护区域，单一银行贷款结构对主并方创新绩效的阻碍作用将被削弱。

三、研究设计

（一）样本选择

本节选取 2011—2015 年深沪两市上市公司的并购事件作为研究样本，剔除金融行业、数据不全及数据异常的样本后，共得到 1215 个样本。考虑到创新绩效的滞后性，本节研究涉及的数据实际区间为 2009—2017 年。其中，并购样本的相关数据来自万德（Wind）数据库，企业专利数据、债务压力及财务数据均来自国泰安（CSMAR）数据库，是否属于创新动因的并购的数据来自查阅巨潮资讯网的上市公司相关并购公告。知识产权保护程度相关数据通过查阅各年份《中国统计年鉴》和国家知识产权局统计信息模块手动收集获得。

（二）变量定义

1. 创新绩效（PATENT）

本节参考陈玉罡等（2015）的做法，以专利申请数量代表创新绩效，且考虑到并购事件的长期性以及专利申请的周期性，选择并购完成后第二年的专利申请数表示并购企业的创新绩效。

2. 贷款强度（Loan）

借鉴田利辉（2004）的研究方法，本节使用全部银行贷款比例度量主并方的贷款强度，即年末短期借款和一年内到期的非流动负债与长期借款之和占总资产的比例。

3. 银行竞争（Bank）

本节使用主并方银行贷款是否来自多个银行来度量银行竞争。当公司获得的贷款来自一家银行时，Bank 取值为 1，当公司从多个银行获得贷款时，Bank 取值为 0。

4. 调节变量

并购动因（IDMA）为虚拟变量。如果并购为创新动因，则 IDMA 取值为 1，否则为 0。具体赋值时，本节在巨潮资讯网手工收集了样本公司的相关公告，通过搜索“创新”“技术”“新产品”“研发”等关键字并阅读上下文进行判断，甄别确定该并购是否为创新动因。知识产权保护（RP）以地区知识产权指数（IPR）与知识产权执法效率（IPP，等于各省知识产权侵权案件结案数与地区侵权案件数的比值）的乘积衡量各地区的知识产权保护水平。

5. 控制变量

本节选取的控制变量包括公司规模（Size）、利息保障倍数（ICR）、企业盈利能力（ROA）、综合杠杆（DTL）、托宾 Q 值（Q）等。

各变量的定义如表 4－30 所示。

表 4－30 变量定义

变量名称	变量符号	变量定义
创新绩效	PATENT	Ln（并购完成后第二年专利申请数）

续表

变量名称	变量符号	变量定义
贷款强度	Loan	（短期借款 + 一年内到期非流动负债 + 长期借款）/总资产
银行竞争	Bank	借款来自单一银行的样本取值为1，否则为0
并购动因	IDMA	属于创新动因的并购取值为1，否则为0
知识产权保护	RP	知识产权指数 × 知识产权执法效率
公司规模	Size	总资产的自然对数
利息保障倍数	ICR	息税前利润/利息费用
有形资产负债率	IA	总负债/（总资产 – 无形资产）
总资产收益率	ROA	净利润/总资产
综合杠杆	DTL	净利润变化率/主营业务收入变化率
托宾 Q 值	Q	股价/重置成本
行业	IND	行业虚拟变量
年度	Year	年度虚拟变量

（三）模型构建

本节针对假设4 – 15、假设4 – 16 建立模型4 – 17：

$$\text{Patent} = \alpha_0 + \alpha_1 \text{Loan} + \alpha_2 \text{Bank} + \sum \text{Controls} + \varepsilon \qquad (4-17)$$

引入调节变量并购动因（IDMA）后，本节针对假设4 – 17、假设4 – 18 建立模型4 – 18：

$$\text{Patent} = \alpha_0 + \alpha_1 \text{Loan} + \alpha_2 \text{Bank} + \alpha_3 \text{IDMA} \cdot \text{Loan} + \alpha_4 \text{IDMA} \cdot \text{Bank} + \sum \text{Controls} + \varepsilon \qquad (4-18)$$

同理，引入调节变量知识产权保护（RP）后，本节针对假设4 – 19、假设4 – 20 假设建立模型4 – 19：

$$\text{Patent} = \alpha_0 + \alpha_1 \text{Loan} + \alpha_2 \text{Bank} + \alpha_3 \text{RP} + \alpha_4 \text{RP} \cdot \text{Loan} + \alpha_5 \text{RP} \cdot \text{Bank} + \sum \text{Controls} + \varepsilon \qquad (4-19)$$

四、实证结果

（一）描述性统计

表4 – 31 给出了上市公司在2011—2015 年创新绩效、贷款强度、

银行竞争、知识产权保护指数等数据的描述性统计结果。其中，创新绩效（Patent）均值为3.92，标准差1.40，主并方的创新绩效有一定差异。贷款强度（Loan）的均值为14%，单一银行贷款的样本占比为29%。

表4-31 描述性统计

变量	均值	标准差	最小值	最大值
Patent	3.92	1.40	0.69	9.26
Loan	0.14	0.13	0.00	0.79
Bank	0.29	0.45	0.00	1.00
RP	0.14	0.08	0.00	0.48
Size	21.83	0.98	19.91	24.75
ICR	0.50	0.21	0.02	1.32
IA	0.53	0.21	0.04	0.94
ROA	0.04	0.05	-0.44	0.37
DTL	2.15	2.83	-6.14	18.29
Q	2.31	2.00	0.00	11.16

在这1215家样本公司中，共有500家上市公司在2011—2015年间进行了创新动因的并购，其余715家上市公司进行了非创新动因的并购，这两组数据变量的描述性统计见表4-32。

表4-32 不同并购动因样本变量的描述性统计

变量	均值		标准差	
	IDMA=1	IDMA=0	IDMA=1	IDMA=0
Patent	4.22	3.71	1.33	1.40
Loan	0.15	0.13	0.14	0.13
Bank	0.23	0.33	0.42	0.47
RP	0.14	0.14	0.09	0.08
Size	21.86	21.80	0.96	0.98
ICR	0.50	0.49	0.20	0.21

续表

变量	均值		标准差	
	IDMA = 1	IDMA = 0	IDMA = 1	IDMA = 0
IA	0. 51	0. 54	0. 21	0. 21
ROA	0. 04	0. 04	0. 06	0. 05
DTL	2. 19	2. 11	2. 88	-2. 79
Q	2. 44	2. 21	2. 18	1. 86

表4－32显示，创新动因的并购中，主并方创新绩效均值为4. 22，而非创新动因的并购中主并方创新绩效为3. 71。初步说明创新动因的并购对主并方的创新绩效有促进作用。

与此同时，在这1215家样本公司中，共有886家来自东部地区，187家来自中部地区，其余142家来自西部地区，本节分别对这三组数据进行变量的描述性统计（见表4－33）。目前我国东部地区的创新绩效最高，其次是中部地区，最后是西部地区。贷款强度西部地区大于中部地区大于东部地区

表4－33　各区域样本变量的描述性统计

变量	均值			标准差		
	东部地区	中部地区	西部地区	东部地区	中部地区	西部地区
Patent	3. 99	3. 76	3. 73	1. 40	1. 40	1. 32
Loan	0. 12	0. 16	0. 20	0. 12	0. 14	0. 15
Bank	0. 29	0. 32	0. 24	0. 45	0. 47	0. 43
RP	0. 17	0. 06	0. 05	0. 08	0. 03	0. 04
Size	21. 79	21. 92	21. 93	0. 96	1. 00	1. 06
ICR	0. 48	0. 51	0. 57	0. 20	0. 21	0. 24
IA	0. 54	0. 50	0. 48	0. 20	0. 22	0. 22
ROA	0. 05	0. 04	0. 02	0. 05	0. 05	0. 06
DTL	2. 07	2. 08	2. 69	2. 68	2. 88	-3. 57
Q	2. 40	2. 04	2. 00	2. 03	1. 76	2. 03

进一步，本节分别按照贷款强度是否大于均值（大于均值的样本取

值为1，否则为0）、是否存在银行业竞争（贷款资金来源于单一银行的样本取值为1，否则为0）分类，并对创新绩效进行均值 T 检验。表4－34结果显示，创新绩效（Patent）在不同的贷款强度水平以及银行竞争情况分组下均有显著差异。

表4－34 贷款强度和银行竞争的分组创新绩效均值检验

变量	分组	均值	均值差
Loan	1	0.65	－0.20***
	0	0.85	
Bank	1	3.40	－0.72***
	0	4.13	

注：*** 表示在1%的水平下显著。

（二）相关性分析

本节各变量的Pearson相关系数见表4－35。由表4－35可知，银行债务压力（Loan和Bank）与创新绩效呈负相关关系，这说明贷款强度越大，企业创新绩效越差，且仅从单一银行获得贷款会阻碍企业的创新绩效提升。创新绩效（Patent）与并购动因（IDMA）正相关，说明创新动因的并购较非创新动因的并购来说更有利于企业的创新绩效。创新绩效与知识产权保护指数（RP）也为正相关，说明知识产权保护指数越高，创新绩效越好。

（三）回归分析

1. 主并方的银行债务压力与创新绩效

模型4－17的回归结果如表4－36所示，可以发现，重要解释变量Loan和Bank的系数均显著为负，与假设预测以及描述性分析的结论基本一致。其中，Loan在1%的水平下显著为负，验证了假设4－15，说明主并方银行贷款比例越高，后续创新产出能力越弱。Bank在1%的水平下显著为负，验证了假设4－16，说明贷款资金来自单一银行时，对企业创新能力的提升具有阻碍作用。

表 4-35 相关性分析

变量	Patent	Loan	Bank	IDMA	RP	Size	ICR	IA	ROA	DTL	*Q*
Patent	1										
Loan	-0.005***	1									
Bank	-0.237***	-0.120***	1								
IDMA	0.180***	0.089***	-0.112***	1							
RP	0.094***	-0.180***	-0.064**	0.030	1						
Size	0.348***	0.300***	-0.144***	0.034	-0.015	1					
ICR	0.122***	0.523***	-0.160***	0.028	-0.080***	0.419***	1				
IA	-0.100***	-0.579***	0.159***	-0.062**	0.084***	-0.428***	-0.803***	1			
ROA	0.053*	-0.325***	0.039	-0.010	0.142***	-0.069**	-0.372***	0.295***	1		
DTL	0.042	0.232***	-0.007	0.013	-0.065**	0.086***	0.198***	-0.196***	-0.149***	1	
Q	-0.103***	-0.370***	0.061**	0.057**	0.141***	-0.369***	-0.390***	0.381***	0.367***	-0.168***	1

注：***、**、*分别表示在1%、5%、10%的水平下显著。

表 4－36 回归结果

变量	模型 4－17	模型 4－18	模型 4－19
Loan	－1.205*** （－3.45）	－2.864*** （－4.00）	－2.440*** （－4.54）
Bank	－0.616*** （－7.53）	－0.728*** （－3.87）	－0.877*** （－5.63）
IDMA		0.048* （1.87）	
IDMA · Loan		1.724** （2.24）	
IDMA · Bank		0.298 （1.31）	
RP			－0.842 （－1.25）
RP · Loan			10.963*** （3.30）
RP · Bank			2.146** （2.12）
Size	0.495*** （11.30）	0.604*** （11.06）	0.494*** （11.34）
ICR	0.409 （1.31）	0.317 （0.82）	0.459 （1.49）
IA	0.376 （1.21）	0.273 （0.71）	0.425 （1.37）
ROA	1.742** （2.21）	1.209 （1.30）	1.389* （1.76）
DTL	0.014** （2.17）	0.015** （2.00）	0.014** （2.09）
Q	－0.015 （－0.71）	－0.013 （－0.51）	－0.015 （－0.70）
Constant	－7.004*** （－6.92）	－9.116*** （－7.29）	－6.918*** （－6.87）
N	1215	697	1215
F	32.57	20.26	25.80
R^2	0.18	0.23	0.18

注：***、**、*分别表示在1%、5%、10%的水平下显著。

2. 并购动因的调节效应

为避免并购动因内生性与自选择的问题，本节首先采用倾向评分匹配（PSM）对不同动因的样本进行配对。具体匹配条件如下：

（1）匹配度选择 1∶1 可放回的抽样方法；

（2）Logit 回归选取资产负债率、资产报酬率、净利润增长率、每股收益和市场价值，同时控制年度变量。

进行最近邻匹配后，共得到 697 个样本，代入模型 4－18 进行回归分析。如表 4－36 第二列显示，IDMA 和 Loan 的交乘项系数显著为正，支持了假设 4－17。然而，IDMA 和 Bank 的交乘项系数为正但不显著，即是否获得多家银行的贷款对于其创新的产出并无显著影响，没有支持假设 4－18。这可能是因为当并购动因为创新时，银行的资金来源单一还是多元并不具有差异性影响。

3. 地区知识产权保护的调节效应

模型 4－19 的结果列示于表 4－36 的第三列。其中 RP 和 Loan 的交乘项在 1% 水平显著为正，这说明知识产权保护能力强的地区，贷款强度对主并方创新绩效的阻碍作用得到了削弱，支持了假设 4－19。RP 和 Bank 的交乘项在 1% 的水平下显著为正，这说明知识产权保护能力强的地区，单一银行贷款来源对主并方创新绩效的阻碍作用会被削弱，支持了假设 4－20。

（四）进一步分析

1. 主并方的贷款强度与创新绩效关系的进一步分析

前文对贷款强度的界定是短期借款、一年内到期非流动负债及长期借款三者总和与资产总额的比值，考虑到短期借款与长期借款在资金成本、还款压力等方面存在较大差异，本节针对贷款强度这一变量进一步检验，即引入两个新变量：SLoan（（短期借款＋一年内到期非流动负债）/资产总额）、LLoan（长期借款/资产总额），替换模型 4－18、模型 4－19 中 Loan 变量后分别进行回归，建立模型 4－20 和模型 4－21，回归结果见表 4－37。

$$Patent = \alpha_0 + \alpha_1 LLoan/SLoan + \alpha_2 Bank + \alpha_3 IDMA + \alpha_4 IDMA \cdot$$

$$\text{LLoan/SLoan} + \alpha_5 \text{IDMA} \cdot \text{Bank} + \sum \text{Controls} + \varepsilon \tag{4-20}$$

$$\text{Patent} = \alpha_0 + \alpha_1 \text{LLoan/SLoan} + \alpha_2 \text{Bank} + \alpha_3 \text{RP} + \alpha_4 \text{RP} \cdot \text{LLoan/SLoan} + \alpha_5 \text{RP} \cdot \text{Bank} + \sum \text{Controls} + \varepsilon \tag{4-21}$$

表 4－37 贷款强度进一步检验的回归结果

变量	模型 4－20		模型 4－21	
LLoan	－2.959*** (－3.59)		－2.146* (－1.65)	
SLoan		－2.392 (－1.22)		－2.962*** (－4.53)
Bank	－0.524*** (－4.90)	－0.511*** (－4.73)	－0.589*** (－7.19)	－0.594*** (－7.29)
IDMA	0.166*** (4.76)	0.312*** (2.73)		
RP			0.846* (1.76)	－0.203 (－0.34)
IDMA · LLoan	1.695* (1.88)			
IDMA · SLoan		2.139 (0.98)		
RP · LLoan			21.074** (3.15)	
RP · SLoan				12.425*** (2.07)
其他变量	控制	控制	控制	控制
N	697	697	1215	1215
F	21.79	20.03	26.05	28.07
R^2	0.23	0.21	0.17	0.18

注：***、**、* 分别表示在 1%、5%、10% 的水平下显著。

由表 4－37 可以发现：

（1）长期借款强度对创新绩效具有负面影响，短期借款作用不明显。这可能是因为创新是一个长期性的经济活动，一年内到期的短期资金对其影响不及长期借款。与之相反，长期借款通常金额较大，与股权融资相对比，还本付息压力较大，各方压力导致资金的利用效率降低，致使主并方在其后续发展时，由于考虑到偿还能力、风险控制等因素，而无法将更多资金投入到创新中，从而对创新绩效产生负向影响。

（2）从并购动因来看，IDMA · LLoan 系数在 10% 的水平下显著为正，IDMA · SLoan 的系数为正却不显著，这说明进行创新动因的并购的企业，长期贷款使融资约束较大程度上得到了缓解，从而可以促进主并方的创新。这可能是由于并购动因为企业提供了明确的创新发展方向，防止了管理层与股东因代理问题而在创新问题上的利益博弈。同时，创新是一个长期的过程，在并购完成的一年内对企业产生的影响有限，所以并购动因对长期贷款和创新绩效的关系具有显著调节效应，而对短期贷款的调节作用并不显著。

（3）从地区知识产权保护来看，RP · LLoan 的系数在 1% 的水平下显著为正，RP · SLoan 的系数在 1% 的水平下显著为正，这表明在知识产权保护能力强的区域，主并方长、短期贷款对创新绩效的阻碍作用都被削弱。

另外值得注意的是，在贷款强度的刻画中，一年内非流动负债因长期应付款等项目的存在，在衡量银行借款上存在一定偏差。因此，本节将该指标剔除，仅研究银行短期借款以及一年以上长期借款强度对于创新绩效的影响，生成新的变量 Loan2 = （短期借款 + 长期借款），所得结果与前文一致。

2. 知识产权保护与企业创新的进一步检验

由于表 4 – 36 中 RP 系数为负且不显著（系数为 – 0. 842，t 值为 – 1. 25），即知识产权保护本身并没有直接影响创新，这与以往研究以及常识认知不相符合。鉴于我国的区域发展尚不均衡，知识产权保护的地区差异很大，特别是东部、中部、西部地区的资源禀赋、地理条件和经济基础差异都较大。因此，不同地区知识产权保护水平的差异对该地区主并方创新绩效的影响机制和效果产生了不同的影响，为了进一步探究原因，本节对样本分区域进行进一步检验。

区域分布的具体划分按照国家统计局标准，即东部 11 个、中部 8 个、西部 12 个省（区）。分别以东部、中部、西部的相关数据为样本对模型 4 - 19 进行进一步检验，关键变量的回归结果如表 4 - 38。

表 4 - 38 知识产权保护进一步检验的回归结果

变量	东部地区	中部地区	西部地区
RP	-1.473* (-1.75)	0.955 (0.19)	5.054 (1.30)
Loan	-2.549*** (-2.97)	-2.294 (-1.49)	-1.161 (-0.92)
Bank	-0.819*** (-3.61)	-0.896* (-1.93)	-0.401 (-1.00)
RP · Loan	10.046** (2.18)	13.900 (0.66)	-2.936 (-0.16)
RP · Bank	2.051 (1.59)	-1.500 (-0.24)	-4.788 (-0.57)
控制变量	控制	控制	控制
N	886	187	142
F	21.21	3.05	2.66
R^2	0.20	0.11	0.11

注：***、**、*分别表示在 1%、5%、10% 的水平下显著。

根据表 4 - 38，东部地区样本的 RP 与主并方创新绩效呈现显著的负相关关系，而在中、西部地区，RP 系数均为正却不显著，这解释了在全部样本下，无法得出知识产权保护与创新之间关系结论的原因。以往研究提出“最优知识产权保护假说”，认为只有适度的知识产权保护水平才能有效地促进创新，知识产权保护会提高该地区主并方的创新绩效，但保护强度突破平衡范围之后，会因为严苛的政策约束和技术垄断阻碍企业获得更好的创新绩效。东部地区的经济基础较好，发展速度较快，知识产权的过度保护会抑制其创新动力。中西部地区的知识产权保护意识弱、能力差，仍然处在起步阶段，适当的知识产权保护是必要的。同时，由于东中西部经济实力悬殊，发展阶段不同，自发进行并购的意愿、能力以及质量相对来说尚不明朗，由于样本量的局限，无法在并购场景下得出有关知识产权保护与创新的确切关系结论。

（五）稳健性检验

鉴于企业创新是一个难以量化的过程，目前对于创新绩效的度量并没有统一的标准。为了检验模型的稳健性，本节选择用专利授权数替换专利申请数作为创新绩效的度量，剔除异常值和数据缺失值后，共得到971条有效数据，代入模型4－17进行回归，主要变量的回归结果见表4－39，贷款强度、银行竞争与创新绩效的关系仍与前文保持一致，通过了稳健性检验。

表4－39　稳健性检验结果

变量	Ln（专利授权数）
Loan	－1.071*** （－2.62）
Bank	－0.154* （－1.70）
其他变量	控制
N	971
F	17.11
R^2	0.12

注：***、**、*分别表示在1%、5%、10%的水平下显著。

五、结论与建议

（一）研究结论

银行债务目前仍是上市公司的主要资金来源，而且债权人也可以发挥治理作用，所以观察主并方债务压力对企业创新绩效的影响非常重要。本节选取2011—2015年的并购样本，研究债务压力与主并方创新绩效之间的关系，研究发现：

（1）贷款强度越高越不利于主并方并购后的创新绩效。这可能与银行风险规避的特点相关，主并方并购后的未来发展具有一定的不确定性，且由于目前我国法律不健全，对知识产权的保护能力较弱，导致银行对该类企业的风险判断会增高。同时，银行在贷款业务中获利来源主要为贷款利息，企业高风险项目获得的高收益与银行的收益无直接联系，所以金融机构相较于股权投资市场没有提供资金的动力。

（2）单一银行贷款来源不利于提高主并方的创新绩效。多家银行放款所带来的银行竞争相较于一家银行的垄断，会更有利于提高主并方的创新绩效，但目前中国的银行结构市场化程度仍不够高，银行间竞争不够充分，中小银行的实力不足以与大型商业银行相抗衡，因此债务资本还不能很好地服务于企业创新。

（3）创新动因的并购能有效缓解债务压力对创新绩效的阻碍作用。企业应结合自身发展，响应国家“创新驱动发展”战略，积极整合资源、提升竞争力、完成产业升级。

（4）知识产权保护能有效缓解债务压力对创新绩效的阻碍作用。知识产权保护能力强的地区，贷款强度和单一银行贷款来源对主并方创新绩效的阻碍作用将被削弱。

（二）政策建议

根据研究结论，本节提出如下建议：

（1）健全银行管理规范，推进银行业改革。目前出台的《商业银行并购贷款风险管理指引》虽然为银行定制了并购贷款有关的管理办法和操作规范，但所有条目均为建议性，并没有对商业银行提出明确的工作任务与业务指导。此外，受到《商业银行并购贷款风险管理指引》有关规定的约束，银行的参与意愿较小，故该指引对银行内部管理规范起不到根本性更新作用，因此要加快银行业改革，进一步完善并购贷款的相关规范，帮助企业通过并购方式推动创新发展。

（2）通过利率市场化、允许民营资本进入银行业等方式，加强商业银行之间的竞争。单一垄断的银行结构会收紧企业的创新资金，不利于企业创新活动的顺利进行，而适度竞争的银行结构则有利于满足公司开展创新的融资需求。

（3）鼓励创新，加快完善有关知识产权保护的制度与政策。通过知识产权保护制度的进一步完善，可以推进创新驱动发展战略，鼓励企业通过并购获取长期的创新资源，提高竞争优势。在有法可依的基础上真正做到有法必依，逐步具体化知识产权的界定，使无形资产不再“无形”。同时针对知识产权地区发展差异较大的具体情况，在发展规划上不能一概而论，应顺应各地区的发展水平与创新能力，做出有差异、有针对性的保护细则，以保护创新为基点，实现创新的产品化、收益化以及循环利用与再创新。

第五章
并购的创新动因与企业价值

第一节　并购的创新动因与短期市场反应

一、引言

关于并购的动因，已有协同效应理论、代理成本理论、市场价值低估理论等进行了较为丰富的研究（Jensen 和 Meckling，1976；Klein 等，1978）。但近年来，随着世界经济环境的快速变化和科技的飞速发展，企业间的竞争日趋激烈，创新在企业生存和发展中发挥着越来越重要的作用，获取创新资源和能力逐渐成为不同于以往研究的新的并购动因（Zhao，2009；Bena 和 Li，2014）。当市场参与者能够从各式各样的并购事件中识别出这种新的动因时，是否会做出不同于一般并购的反应呢？

进一步来看，企业并购决策受到企业控制权的直接影响，体现了以大股东为主导的利益博弈（杨林，2014；Chen 等，2014）。大股东出于对控制权的私有收益或者共享收益的追求，可能在并购中做出完全不同的决策。在并购实现过程和并购后的整合中，具体执行者是企业的管理层，在利益趋同效应和管理防御效应（翟淑萍和毕晓方，2016）的影响下，管理层对企业的控制权力也将影响外部投资者对并购事件的看法，进而产生各不相同的市场反应。

本节以 2011—2016 年主并方为上市公司的 936 个并购事件为样本，实证检验了并购的创新动因与短期市场反应之间的关系，研究发现：

（1）创新动因的并购能获得更好的短期市场反应；

（2）大股东控制权越集中，创新动因的并购带来的短期市场反应越强；

（3）管理层持股比例越高，创新动因的并购带来的短期市场反应越弱。

二、理论分析与研究假设

（一）并购动因与短期市场反应

近年来，并购市场中越来越多的企业在并购时更关注获取目标方的技术、专利、研发团队等资源，提高创新能力已经成为企业并购的重要动因。由于出于创新目的的并购着眼于长期竞争优势的培养，具有更好的针对性和发展前景，将有助于提高市场投资者对主并方的评价，带来更好的市场回报。

从企业的发展来看，创新动因的并购有助于主并方加速吸收和利用外部知识，提高企业的创新绩效（Ahuja 和 Katila，2001；温成玉和刘志新，2011），获得长期竞争优势，形成对长期业绩的有力支撑。

从信号的传递来看，创新动因的并购向市场释放了公司积极谋求依托科技进步促发展，具有可持续发展潜力的积极信号，能够获得市场投资者的更高评价。

因此，本节提出假设：

假设5-1：创新动因的并购可以使主并方获得更好的短期市场反应。

（二）控制权要素的调节作用

1. 大股东控制权

作为企业活动中的重大变化，并购无疑会受到各参与方的关注和影响（Arikan 和 Capron，2010；曹婷等，2015），其中主并方的大股东在决策中占据了主导地位（杨林，2014；Chen 等，2014）。大股东凭借其优势控制地位可以在并购中做出对自身更加有利的各项选择。其中的利益可能包括控制权的私有收益和共享收益两部分。

控制权的私有收益意味着控股股东由于控制权带来的排他性价值或享有的独占利益（Dyck 和 Zingales，2004）。Bae 等（2002）的研究表明，由同一韩国大型财团控股的不同公司间进行并购时，主并方股票大幅下跌使得小股东利益遭受损失，然而主并方的控股股东却可以因为并购导致的财团内其他公司价值提升而获利。

控制权的共享收益主要来源于大宗股权的决策能力和财富效应带来的卓越的管理与监督。随着持股比例的增加，控股股东更有动机增加企业价值（Holderness，2003），这些价值为所有股东所分享，就形成了共享收益（Shleifer 和 Vishny，1986）。

当大股东持股比例较低时，更偏好获取私有收益；而当持股比例达到一定程度后，共享收益开始起主导作用，大股东更倾向于创造共享收益。在并购活动中这一规律仍然适用。大股东持股比例较高时，更愿意选择优质目标，通过并购提高企业价值。而通过并购获得创新资源和能力无疑是着眼长远发展、占据竞争优势的有效途径。

因此，本节提出假设：

假设5-2：大股东持股比例越高，创新动因的并购带来的短期市场反应越好。

2. 管理层持股

管理层是企业的直接经营者，对公司的各项决策产生重要影响，其影响机理可以表现为利益趋同效应和管理防御效应（翟淑萍和毕晓方，2016）。当管理层持股比例较低时，利益趋同效应占主导地位，此时股东通过让渡部分股权给管理者使其从规避风险的短期利益偏好者成为具有创新积极性的长期价值偏好者（Hansen 和 Birkinshaw，2007）。当管理层持股比例较高时，管理防御效应开始发挥作用，持股比例增加会使内外部约束机制对高管的制约作用降低，高管会为了维护已有的控制地位避免冒险，甚至诱发高管的机会主义行为（Bertrand 和 Mullainathan，2003）。

在企业的并购决策中，创新动因的并购往往着眼于长期优势的培养和价值创造，但创新的不确定性使这种并购具有高投入、高风险、长周期、高回报的特征。当管理层持股比例达到一定程度时，更希望稳固职位，规避风险，对创新动因的并购积极性不高，即使不得不进行并购，也可能在其后的整合中有所懈怠。可以说当管理层持股比例达到一定程度时，管理防御效应对公司的负面影响会抵消利益趋同效应带来的正面影响，此时市场参与者对于并购后的未来发展并不乐观。

因此，本节提出假设：

假设 5－3：管理层持股比例越高，创新动因的并购带来的短期市场反应越差。

三、研究设计

（一）样本选择

本节选取了 2011—2016 年主并方为上市公司的 3258 个并购样本作为研究对象，进行了如下筛选：

（1）剔除 B 股、H 股样本；

（2）剔除 ST、PT 公司样本；

（3）剔除金融业样本；

（4）在首次公告日主并方同时宣布多起并购的，选取并购规模最大的事件，其余样本剔除；

（5）如样本中主并方在30天内发生多起并购事件，予以剔除；

（6）剔除个别变量有缺失值的样本。最终本节得到936个并购样本。

样本数据主要来源于国泰安（CSMAR）数据库和万德（Wind）数据库，创新动因通过查阅并购公告和年报获取。

（二）变量定义

1. 短期市场反应（CAR）

本节的短期市场反应使用累计超额收益率（Cumulative Abnormal Return，CAR）度量。以并购的首次宣告日为事件日，在本节不同的部分分别以（-5，+5）、（-10，+10）、（-30，+30）作为时间窗口。

事件研究法中对于预期收益率的计算通常采取三种方法：市场模型法、市场调整模型法和均值调整模型法。本节采用市场模型法计算预期收益率。

2. 并购动因（IDMA）

根据前文对并购动因的定义，本节手工搜集了并购样本的相关公告，以主并方的并购目的是否涉及新产品、新工艺、新技术、研发团队等为标准，判断并购活动的动因，并以此设置虚拟变量，创新动因的并购取值为1，否则取值为0。

3. 调节变量

本节选取大股东控制权（First）、管理层持股（Manager）作为体现控制权因素的调节变量。大股东控制权使用第一大股东的持股比例度量，管理层持股使用管理层的持股比例度量。

4. 控制变量

本节主要选取了公司规模（Size）、资产负债率（LEV）、净资产收益率（ROE）、企业研发投入（R&D）、独立董事比例（Independent）、托宾 Q 值（Q）等指标作为控制变量。

变量定义如表5-1所示。

表 5-1 变量定义

变量名称	变量符号	变量定义
短期市场反应	CAR	不同窗口的累计超额收益率
并购动因	IDMA	创新动因的并购取值为 1，否则为 0
大股东控制权	First	第一大股东持股比例
管理层持股	Manager	管理层持股比例
公司规模	Size	企业总资产的自然对数
资产负债率	LEV	总负债/总资产
净资产收益率	ROE	净利润/净资产
研发投入	R&D	研发投入/营业收入
独立董事比例	Independent	独立董事人数占董事会人数的比例
托宾 Q 值	Q	市场价值/账面价值
行业	IND	行业虚拟变量
年度	Year	年度虚拟变量

（三）模型构建

本节的基本模型为 5-1：

$$\text{CAR} = \alpha_1 + \alpha_2 \text{IDMA} + \sum \text{Control}_i + \varepsilon \tag{5-1}$$

假设 5-2 和假设 5-3 将对模型 5-1 进行分组检验。

四、实证结果

（一）描述性统计

1. 主要变量描述性统计

本节涉及的主要变量描述性统计分析结果如表 5-2 所示。

表 5-2 描述性统计

变量	均值	中位数	标准差	最小值	最大值
CAR（-5，+5）	7.23	1.94	19.35	-24.44	62.72
CAR（-10，+10）	6.96	1.89	23.82	-32.59	81.29
CAR（-30，+30）	5.42	4.67	39.78	-83.23	104.31
IDMA	0.38	0.00	0.49	0.00	1.00
First	0.35	0.33	0.15	0.02	0.90
Manager	0.13	0.00	0.20	0.00	0.81
Size	21.77	21.68	1.14	16.16	27.71
LEV	0.44	0.42	0.25	-0.19	4.03
ROE	0.05	0.05	0.13	-0.80	0.40
R&D	0.04	0.03	0.05	0.00	0.47
Independent	0.38	0.33	0.06	0.25	0.67
Q	2.75	1.75	7.03	0.10	192.90

从表 5-2 中可以看到，短期市场反应 CAR（-5，+5）均值为 7.23，标准差为 19.35；CAR（-10，+10）均值为 6.96，标准差为 23.82；CAR（-30，+30）均值为 5.42，标准差为 39.78。随着时间的推移，并购市场反应的均值不断下降，标准差不断增加，这说明了总体来看并购市场反应逐渐下滑，公司间差异不断扩大。创新动因的并购（IDMA）均值为 0.38，即超过三分之一的并购以创新为重要的驱动因素。第一大股东持股比例（First）的均值为 35%，说明总体来看第一大股东没有掌握绝对控股权。管理层持股比例（Manager）的均值为 13%，整体来看我国上市公司管理层的持股比例已初具规模。

2. 累计超额收益率（CAR）的分布

表 5-3 累计超额收益（CAR）年度分布

年份	CAR（-5，+5）	CAR（-10，+10）	CAR（-30，+30）
2011	-0.200	-1.155	-4.525
2012	0.448	-0.397	1.395
2013	7.651	7.358	10.019

续表

年份	CAR（-5，+5）	CAR（-10，+10）	CAR（-30，+30）
2014	8.754	8.548	5.922
2015	19.775	20.550	17.274
2016	0.043	-0.256	-5.994

根据表5-3，从主并方短期市场反应的均值统计看，CAR（-5，+5）在2011年均值为-0.2，说明这一年并购的短期市场反应较差，但在2012年CAR值变为正值，上升到了0.448，并且在之后的三年一直上升，到2015年突增至19.775。整体来看，2012至2015年主并方在并购活动中获得了正的市场反应，并购事件为企业带来了更多收益，为股东创造了更多财富。CAR（-10，+10）年度均值变化趋势与CAR（-5，+5）相似，但2012年小于零。CAR（-30，+30）中主并方的并购市场反应整体趋势与前两个窗口基本相同。

3. 不同动因并购样本的市场反应对比

根据并购动因对样本企业分类后，并购的短期市场反应如表5-4所示。

表5-4 根据并购动因分类的并购市场反应

IDMA	市场反应	均值	标准差	最小值	最大值
是	CAR（-5，+5）	11.541	21.759	-24.442	62.721
	CAR（-10，+10）	11.397	26.284	-32.595	81.294
	CAR（-30，+30）	11.110	42.654	-83.228	104.306
否	CAR（-5，+5）	4.603	17.226	-24.442	62.721
	CAR（-10，+10）	4.263	21.772	-32.595	81.294
	CAR（-30，+30）	1.935	37.524	-83.228	104.306

由表5-4中可以看出，创新动因并购的短期市场反应均值均大于11，相对应的非创新动因并购的短期市场反应均值则小于5，说明创新动因并购的短期市场反应更好，可以给股东创造更多财富，初步支持了假设5-1。但是，创新动因并购的短期市场反应的标准差略大于非创

新动因的并购，说明创新动因的并购带来的短期市场反应更具差异性。

（二）回归分析

1. 并购动因对市场反应的影响

根据前文构建的模型 5－1，检验并购动因与公司不同事件窗口短期市场反应的关系，结果如表 5－5 所示。

表 5－5　并购动因对市场反应的影响

变量	CAR（－5，＋5）	CAR（－30，＋30）
IDMA	5.111*** （3.76）	8.897*** （3.08）
Size	－1.573***	－0.801
	（－2.59）	（－0.60）
LEV	－2.787	3.103
	（－1.00）	（0.45）
ROE	－12.165**	－6.180
	（－1.98）	（－0.50）
Independent	8.937	－25.633
	（0.96）	（－1.09）
R&D	－4.082	－5.065
	（－0.28）	（－0.11）
Q	－0.060	0.045
	（－0.62）	（0.30）
IND	控制	控制
Year	控制	控制
Constant	37.763**	30.870
	（2.48）	（0.90）
N	936	928
F	8.518***	2.360***
R^2	0.147	0.049

注：***、**、*分别表示在 1%、5%、10% 的水平下显著。

根据表5-5，无论在何种窗口，IDMA的系数均显著为正，说明创新动因的并购为企业短期市场反应带来了正面影响，假设5-1得到证实。

2. 控制权的调节作用

（1）大股东控制权。

本节以大股东控制权（First）的均值为界，将样本分为大股东控制权高（High）和大股东控制权低（Low）两组，分别对各组进行回归分析，因变量取（-5，+5）窗口期的CAR值，结果如表5-6所示。

表5-6 大股东控制权的调节作用

变量	High	Low
IDMA	7.597*** (3.82)	2.812 (1.51)
Size	0.471 (0.55)	-2.547*** (-3.00)
LEV	-0.637 (-0.13)	-1.886 (-0.58)
ROE	-26.422*** (-3.43)	1.814 (0.21)
Independent	-12.819 (-0.99)	16.392 (1.16)
R&D	0.299 (0.02)	-21.374 (-0.98)
Q	1.569*** (3.62)	-0.173*** (-3.10)
IND	控制	控制
Year	控制	控制
Constant	10.282 (0.43)	52.064** (2.56)
N	438	498
F	5.509***	5.920***
R^2	0.203	0.170

注：***、**、*分别表示在1%、5%、10%的水平下显著。

从分组回归结果来看，大股东持股比例高的样本组中 IDMA 系数显著为7. 597，持股比例低的样本组系数并不显著。大股东控制权对并购动因与市场反应的关系起到了调节作用，大股东持股比例越高，创新动因的并购带来的短期市场反应越好，支持了假设5－2。

（2）管理层控制权。

本节以样本管理层持股比例的均值（13%）为界，将样本分为两组，因变量取（－5，＋5）窗口期的CAR值，检验结果见表5－7。

表5－7 管理层持股比例的调节作用

变量	High	Low
IDMA	4. 581 （1. 03）	5. 364 *** （3. 17）
Size	－1. 979 （－1. 25）	－1. 504 ** （－2. 21）
LEV	－7. 353 （－0. 92）	－1. 687 （－0. 55）
ROE	－33. 996 ** （－2. 49）	－11. 244 * （－1. 71）
Independent	2. 859 （0. 17）	8. 427 （0. 75）
R&D	－12. 341 （－0. 50）	－1. 073 （－0. 06）
Q	0. 495 （0. 81）	－0. 079 （－1. 00）
IND	控制	控制
Year	控制	控制
Constant	37. 999 （1. 09）	36. 311 ** （2. 14）
N	308	628
F	4. 507 ***	5. 398 ***
R^2	0. 163	0. 149

注：***、**、*分别表示在1%、5%、10%的水平下显著。

根据表5－7可知，管理层持股比例高于均值的样本组（High）中，创新动因与短期市场反应的关系不显著，而低于均值的样本组中创新动因的系数显著为5.364，即管理层持股相对较低时，并购动因与市场反应之间的关系更明显，支持了假设5－3。

（三）稳健性检验

本节使用窗口期为（－10，10）的CAR值进行稳健性检验，回归结果（如表5－8所示）与前文一致。

表5－8 稳健性检验结果

变量	CAR（－10，＋10）	大股东控制权高	大股东控制权低	管理层持股比例高	管理层持股比例低
IDMA	5.147*** (3.01)	9.345*** (3.77)	1.964 (0.82)	4.926 (0.70)	5.022** (2.37)
Size	－1.733** (－2.22)	0.283 (0.29)	－2.715** (－2.34)	－1.568 (－0.79)	－1.479* (－1.70)
LEV	－1.298 (－0.36)	2.461 (0.42)	－1.109 (－0.27)	－7.085 (－0.71)	－0.344 (－0.08)
ROE	－12.819* (－1.75)	－6.041*** (－3.94)	－0.445 (－0.53)	－61.557*** (－3.44)	－1.329* (－1.83)
Independent	7.181 (0.58)	－31.027* (－1.90)	32.728* (1.80)	16.935 (0.80)	－4.122 (－0.28)
R&D	－1.420 (－0.08)	10.235 (0.40)	－24.444 (－0.84)	－12.507 (－0.43)	－2.056 (－0.08)
Q	－0.024 (－0.19)	1.334** (2.48)	0.049 (0.12)	0.682 (0.88)	0.496 (1.40)
IND	控制	控制	控制	控制	控制
Year	控制	控制	控制	控制	控制
Constant	41.726** (2.08)	16.818 (0.57)	51.827* (1.83)	21.656 (0.50)	38.455* (1.70)
N	936	438	498	308	628
F	6.047***	5.730	4.210	3.507	4.130
R^2	0.111	0.149	0.139	0.147	0.116

注：***、**、*分别表示在1%、5%、10%的水平下显著。

五、结论与建议

（一）研究结论

本节以2011—2016年主并方为A股上市公司的样本为研究对象，对并购动因对于市场反应的影响和企业控制权的调节作用进行了研究，得出的主要结论如下：

（1）创新动因的并购能获得更好的短期市场反应。随着经济环境的变化和科学技术的进步，创新对于企业的发展越来越重要。通过并购去获取创新资源和能力成为企业保持长期竞争优势的有效手段。市场投资者对于这种并购所传递出来的信息比较关注。本节数据显示，企业进行创新动因的并购相比其他并购，可以带来更为明显的正的市场反应。

（2）大股东控制权越集中，创新动因的并购带来的市场反应越高。大股东控制权相对较高时，控制权共享收益的价值将超过私有收益的价值，大股东更偏好提升企业的整体价值。创新动因的并购恰恰着眼于未来的长期优势和价值，因此在大股东控制权相对集中时，投资者会对公司给予更高的评价。

（3）管理层持股比例越高，创新动因的并购带来的市场反应越低。管理层持股比例相对较高时，管理防御效应将超过利益趋同效应，使管理层的态度更为保守。创新动因的并购相比一般并购具有更高风险，此时管理层持股比例越高，防御效应将与创新动因的并购产生更强烈的冲突，反而不利于投资者对公司的评价。

（二）政策建议

根据研究结论，本节提出如下建议：

（1）企业的并购活动可以更多以创新为导向，同时完善大股东约束机制，完善管理层激励制度。从本节实证结果中可以看出，创新动因的并购获得了更好的市场反应，可以为股东创造更多财富，更有利于企业的长远发展，所以企业可以在并购活动中更多面向创新资源和能力的获取，追求长期价值。与此同时，大股东持股较多时可以使共享收益占主导地位，更有利于市场表现，但同时要注意适当约束，避免一股独大带来的相关问题。管理层的股权激励也要考虑适度性问题，更多发挥利益协同效应。

（2）完善并购活动相关政策规定，鼓励企业进行创新动因的并购。结合目前我国正在进行的供给侧结构性改革，大力发展创新型经济，相关部门应该积极出台并购活动的相关政策，完善相关制度法规，提供政策支持。在企业并购市场中转变政府职能，以“服务型政府”的角色为企业创造良好的创新氛围，让企业在并购活动中不断推进创新，并以创新推动我国经济的高质量增长。

第二节　并购的创新动因与长期价值创造

一、引言

随着科技的突飞猛进与市场竞争的日益激烈，创新对企业维持自身的竞争地位变得越来越重要。在我国经济进入“新常态”的背景下，企业的发展也必须转向创新驱动。通过并购迅速获取外部的创新资源和能力，可以用来补充原有技术实力并提高自身研发能力（Higgins 和 Rodriguez，2006）。根据德勤发布的 2017 年并购报告，并购越来越多地成为公司促进创新的手段。2016 年，创新动因的并购全球交易总额高达 2910 亿美元[①]。

那么在实践中，创新动因的并购是否明确带来了更高的财务业绩和市场价值呢？对于该问题还没有普遍认可的结论。本节关注并购的不同动因，以 2011—2015 年上市公司的并购事件为样本，分析主并方并购

① 该数据来自网站：http：//www. mofcom. gov. cn/article/i/jyjl/m/201709/20170902637175. shtml。标题为《2016 年全球创新驱动并购交易高达 2910 亿美元》。

后的财务业绩和长期市场反应是否会由于并购动因不同而存在差异。本节发现：

（1）并购的创新动因对财务业绩和长期市场反应均有正面影响；

（2）非国有企业进行创新动因的并购后，长期财务业绩更好。

二、理论分析与研究假设

（一）并购动因与长期财务业绩

Healy 等（1992）认为应该关注并购对主并方财务业绩产生的影响。一方面根据“协同效应理论”，企业并购后双方共享各类资源，可以形成规模效应，有助于企业获得更多利润。上市公司并购时，优质资产的注入也可以为企业带来利润增长（张俊瑞等，2002）。但另一方面，主并方可能在并购前为了获得优势地位而进行盈余管理，并购完成之后会产生逆转，给企业业绩带来不利影响（Louis，2004）。与此同时，企业并购后的整合也是一个挑战。失败的整合也会影响企业的财务业绩（李善民和郑南磊，2007b）。

创新动因的并购与非创新动因的并购存在差异。主并方通过并购获取技术进步的过程中，可以增强企业的核心竞争力，从而增加企业的利润（朱乃平等，2014）。并且创新导向促使企业快速吸收从其他企业获得的知识或技术等，提高并购整合的效率（Prabhu 等，2005）。一定程度上可以降低整合不利潜在的风险。

因此，本节提出假设：

假设 5－4：相比非创新动因的并购，创新动因的并购能给企业带来更好的长期财务业绩。

（二）并购动因与长期市场反应

有研究认为并购带来的长期市场反应是消极的。原因之一是短期内市场会对企业存在信任偏差，做出过度乐观的反应（Alexandridis 等，2008），而在并购结束后市场逐渐得到关于企业价值的真实信息，相应地做出消极的反应。第二个原因是并购后的整合可能损害企业价值，尤其是在并购后组织相容度不高的情况下更是如此（李善民和郑南磊，2007b）。

但是创新动因的并购是为了获得新产品、新技术或研发团队等，具有长期战略意义。通过并购获得的创新资源和能力可以帮助企业提高生产效率、降低成本等，从而增强核心竞争力，使得外部投资者对企业更加有信心。另外企业内部知识的积累可以使公司更好地识别和吸收从其他公司获得的资源（Prabhu 等，2005），从而大大提升并购后的整合效率，而且企业创新与股价之间通常存在正相关关系（Aboody 和 Lev，1998）。

因此，本节提出假设：

假设 5－5：相比非创新动因的并购，创新动因的并购能给企业带来更好的长期市场反应。

三、研究设计

（一）样本选择

本节以 2011—2015 年深沪两市上市公司的并购事件为样本，以并购事件发生前后一年为研究窗口。是否为创新动因并购通过手工收集样本公司的并购公告，并分析创新、新产品、新技术、研发团队等关键词进行判断。其他数据都来自国泰安（CSMAR）数据库。剔除了金融行业样本以及有变量缺失值的样本后，本节获得 1230 个并购样本。

（二）变量定义

1. 长期财务业绩（ROA）

本节采用企业并购前一年和后一年的总资产收益率（ROA）作为主并方长期财务业绩的代理变量。

2. 长期市场反应（BHAR）

本节采用 BHAR 来度量事件的长期市场反应。本节借鉴了 Gregory（1997）、李善民和朱滔（2006）的方法，设计了计算 BHAR 的模型 5－2。

$$\text{BHAR} = \prod_{t_1}^{t_2}(1 + R_{i,t}) - \prod_{t_1}^{t_2}(1 + R_{p,t}) \qquad (5-2)$$

其中，$t=0$，1，2，…，12，$t=0$ 表示并购当月，$t=1$ 表示并购后第一个月，以此类推。$R_{i,t}$ 表示公司 i 在 t 月的月股票回报率，选择国泰安（CSMAR）数据库中考虑现金红利再投资的个股回报率，对分红、配股等事件进行了调整，减弱了无关因素对公司股票回报率的影响。$R_{p,t}$ 表示对应组合在 t 月的收益率。

3. 并购动因（IDMA）

根据第三章中对并购动因的界定，本节手工搜集相关公告进行分析判断，创新动因的并购样本取值为 1，否则取值为 0。由于需要区分样本的并购前后，本节引入 Time 变量，Time 取值为 0 时表示并购前，取值为 1 时表示并购后。

4. 控制变量

参照朱乃平等（2014）的研究，本节采用公司规模（Size）、资产负债率（LEV）、国有股比例（State）、速动比率（Quick）等作为控制变量。

变量定义见表 5－9。

表 5－9　变量定义

变量名称	变量符号	变量定义
长期财务业绩	ROA	公司总资产收益率
长期市场价值	BHAR	公司并购前/后 12 个月的长期持有超额收益
并购动因	IDMA	创新动因的并购取值为 1，否则为 0
并购前后	Time	公司发生并购之前取值为 0，发生并购之后取值为 1
公司规模	Size	公司总资产的自然对数
资产负债率	LEV	公司的资产负债率
国有股比例	State	公司并购当年国有股数量/公司总股数
速动比率	Quick	公司并购当年速动资产/流动负债
公司上市年限	Age	上市年限的自然对数
年度	Year	年度虚拟变量
行业	IND	行业虚拟变量

（三）模型构建

本节构建模型 5－3 进行回归分析。

$$ROA/BHAR = \alpha_0 + \alpha_1 IDMA + \alpha_2 Time + \alpha_3 IDMA \cdot Time + \sum Controls + \varepsilon \quad (5-3)$$

模型 5－3 以 ROA 和 BHAR 依次作为因变量，分别表示财务业绩和长期市场反应。

四、实证结果

（一）描述性统计

主要变量的描述性统计如表 5－10 所示。其中 Time = 0 表示并购之前，Time = 1 表示并购之后，IDMA = 0 表示非创新动因的并购，IDMA = 1 表示创新动因的并购。

表 5－10　主要变量的描述性统计

变量	样本容量	均值	标准差	最小值	最大值
ROA（Time = 0）	1230	0.042	0.079	－0.408	1.238
ROA（Time = 1）	1230	0.036	0.066	－0.483	0.350
BHAR（Time = 0）	1230	0.030	0.574	－2.933	9.842
BHAR（Time = 1）	1230	－0.019	0.527	－1.410	3.671
ROA（IDMA = 0）	1828	0.038	0.074	－0.483	1.238
ROA（IDMA = 1）	632	0.042	0.071	－0.398	0.350
BHAR（IDMA = 0）	1828	－0.008	0.511	－1.410	9.842
BHAR（IDMA = 1）	632	0.057	0.674	－2.933	6.419
IDMA	2460	0.224	0.417	0.000	1.000
LEV	2460	0.541	0.216	0.016	4.026

续表

变量	样本容量	均值	标准差	最小值	最大值
Quick	2460	1. 210	1. 952	0. 020	36. 549
Size	2460	22. 658	1. 345	18. 147	29. 399
State	2460	0. 079	0. 179	0. 000	0. 853
Age	2460	2. 811	0. 308	1. 099	3. 555

在不区分并购动机时，整体来看并购后企业的 ROA 和 BHAR 均值小于并购前。当以并购动因分组时，创新动因的并购样本的 ROA 和 BHAR 均值均高于对应样本。那么同时考虑并购前后和并购动机时结果如何呢？表 5 - 11 给出了均值检验的结果。两种动因的并购在并购之前的财务业绩和市场价值都不存在明显差异，但并购后则存在明显区别。从 ROA 来看，创新动因的并购在并购后带来了更好的长期业绩。从 BHAR 来看，两种动因的并购都带来了长期市场价值的负向变化，但总体来看创新动因的并购使 BHAR 降低的幅度更小。

表 5 - 11　均值 *T* 检验

Panel A：ROA	IDMA = 0	IDMA = 1	均值差
Time = 0	0. 039	0. 043	- 0. 004
Time = 1	0. 035	0. 045	- 0. 010***
Panel B：BHAR			
Time = 0	0. 017	0. 015	0. 002
Time = 1	- 0. 068	- 0. 000	- 0. 068***

注：*** 表示在 1% 的水平下显著。

（二）相关性分析

变量间的相关系数如表 5 - 12 所示。ROA、BHAR 均与 IDMA 显著正相关，表明创新动因的并购将带来更好的财务业绩和长期价值。

表 5-12 相关性分析

变量	ROA	BHAR	IDMA	Time	LEV	Quick	Size	State	Age
ROA	1								
BHAR	0.055***	1							
IDMA	0.062**	0.053*	1						
Time	0.019	0.069***	-0.005	1					
LEV	-0.346***	-0.012	-0.097***	-0.048**	1				
Quick	0.089***	0.043*	0.043**	-0.018	-0.343***	1			
Size	0.057**	-0.053***	-0.148***	0.094***	0.339***	-0.166***	1		
State	0.139***	0.025	-0.106***	-0.020	-0.0590***	0.044***	0.211***	1	
Age	-0.070***	0.071**	0.077***	-0.007	0.041**	-0.037*	-0.128***	-0.189***	1

注：***、**、*分别表示在1%、5%、10%的水平下显著。

（三）回归分析

对模型 5－3 回归后的结果如表 5－13 所示。当因变量为 ROA 时，交乘项系数显著为 0.014，即创新动因的并购在并购后的财务业绩显著优于非创新动因的并购，支持了假设 5－4。当因变量为 BHAR 时，交乘项系数显著为 0.087，即创新动因的并购在并购后的长期市场反应显著优于非创新动因的并购，支持了假设 5－5。

表 5－13　回归结果

变量	ROA	BHAR
IDMA	0.000 (0.29)	0.011 (0.52)
Time	0.008*** (4.55)	0.061*** (4.02)
IDMA · Time	0.014** (2.07)	0.087* (1.80)
LEV	−0.083*** (−17.22)	0.031 (0.84)
Quick	−0.000 (−1.66)	0.005 (1.13)
Size	0.007*** (9.60)	−0.005 (−1.35)
State	0.013* (1.84)	0.048 (0.97)
Age	0.002 (1.13)	0.084*** (3.56)
IND	控制	控制
Year	控制	控制
N	2460	2460
F	17.32***	8.59***
R^2	0.213	0.068

注：***、**、* 分别表示在 1%、5%、10% 的水平下显著。

（四）稳健性检验

本节使用改变数据计算方法和替代变量的方式进行稳健性检验。本节将计算长期超额收益的单位时间区间从月改为年，重新计算了BHAR，并以ROE替代ROA，得到了稳健性检验结果如表5－14所示，与前文结果一致。

表5－14 稳健性检验结果

变量	ROE	BHAR
IDMA	0.006 (1.09)	0.012 (0.58)
Time	0.025*** (5.91)	0.048*** (3.24)
IDMA · Time	0.023*** (2.97)	0.054* (1.89)
LEV	−0.126*** (−11.13)	−0.187*** (−4.33)
Quick	−0.004*** (−2.89)	−0.008* (−1.62)
Size	0.020*** (12.81)	0.001 (0.17)
State	−0.010 (−0.93)	−0.099*** (−2.73)
Age	−0.008 (−1.21)	0.037 (1.55)
IND	控制	控制
Year	控制	控制
N	2324	2324
F	13.47***	7.83***
R^2	0.175	0.110

注：***、**、*分别表示在1%、5%、10%的水平下显著。

(五) 进一步分析

进一步来看，国有企业与非国有企业所承担的社会责任存在着差异。国有企业的并购可能主要是为了完成某个政策目标，比如提高就业、整合社会资源等，即国有企业的资源配置更多地受到政策性的影响，这可能会使得并购无法聚焦优化资源配置，不利于并购的长期整合，从而影响企业价值（张雯等，2013）。非国有企业在这方面具有更大灵活性，更多考虑的是获得协同效应、降低成本、提高利润、获得市场份额等，以盈利为前提的基础上再适当考虑社会公众利益。因此，本节继续对不同性质企业的差异进行分析。

根据国资委和财政部发布的《企业国有资产交易监督管理办法》，实际控制权归国家所有的企业为国有企业，其他企业为非国有企业。具体判断方法为从国泰安数据库下载企业实际控制人性质文件，根据实际控制人性质进行分类。实际控制人为国有企业、行政机关、事业单位、中央机构和地方机构的企业为国有企业。本节设置企业性质变量 SOE，国有企业样本取值为 1，否则为 0。

在模型 5－3 的基础增加企业性质与并购动因和并购时间的交乘项，建立模型 5－4，其回归结果如表 5－15 所示。

$$ROA/BHAR = \alpha_0 + \alpha_1 IDMA + \alpha_2 Time + \alpha_3 IDMA \cdot Time + \alpha_4 SOE + \alpha_5 IDMA \cdot Time \cdot SOE + \sum Controls + \varepsilon \quad (5-4)$$

表 5－15　考虑企业性质后的回归结果

变量	ROA	BHAR
IDMA	0.000 (0.47)	0.016 (0.69)
Time	0.008*** (4.64)	0.062*** (4.10)
IDMA · Time	0.007 (1.65)	0.050 (1.34)

续表

变量	ROA	BHAR
SOE	−0.011*** (−5.16)	−0.079*** (−4.53)
IDMA · Time · SOE	−0.028** (−2.36)	0.095 (0.20)
LEV	−0.081*** (−16.76)	0.045 (1.27)
Quick	−0.001* (−1.98)	0.004 (0.92)
Size	0.008*** (10.63)	0.001 (0.36)
State	0.019*** (3.40)	0.097** (2.32)
Age	0.002 (0.93)	0.082*** (3.45)
IND	控制	控制
Year	控制	控制
N	2460	2460
F	17.61***	9.24***
R^2	0.225	0.077

注：***、**、*分别表示在1%、5%、10%的水平下显著。

表5−15中，当因变量为ROA时，IDMA · Time · SOE的系数显著为负，说明国有企业进行创新动因的并购后长期财务业绩弱于非国有企业。当因变量为BHAR时，IDMA · Time · SOE的系数不显著，即对市场价值的影响并不明显。这一方面可能是因为国有企业能以较低成本获得更多资源，市场上的投资者也完全了解这一信息。另一方面可能是因为本节的时间窗口仍较短，没有体现出投资者的差异性评价。

五、结论与建议

（一）研究结论

本节分析了并购动因对企业财务业绩和长期市场反应的影响，以及企业的实际控制人性质给该影响带来的差异性结果。本节以主并方为研究对象，选取2011—2015年的并购事件为样本，共获得2460条数据，经过实证分析后得出以下结论：

（1）并购的创新动因对财务业绩有正面影响。企业进行创新动因的并购后，财务业绩优于非创新动因的并购，创新动因的并购可以增强企业的核心竞争力从而得到持续的业绩提升。

（2）并购的创新动因对长期市场反应有正面影响。企业进行创新动因的并购后，长期市场反应优于非创新动因的并购，创新动因的并购有助于企业长期价值的提升。

（3）国有企业进行创新动因的并购后，财务业绩相对较弱。这表明国有企业在并购目标选择、并购整合、效率提升等方面弱于非国有企业。

（二）政策建议

根据研究结论，本节提出如下建议：

（1）监管机构应当更加重视并购重组的影响和作用，尤其是以创新为目的的并购。监管部门可以通过政策导向以鼓励并购的方式推进创新发展以及经济布局优化。

（2）上市公司在条件允许的情况下可以更多从创新视角开展并购，从而提高自身竞争力与企业价值。创新动因的并购比非创新动因的并购更有利于快速补充创新资源和能力，进一步提高财务业绩和市场价值。但并购后需要注意资源的有效整合，促进效率的提升。

（3）国有企业需要更为谨慎地选择并购目标，并在并购后加强整合。不同的企业在进行创新动因的并购后取得的效果存在差异，国有企业弱于非国有企业。国有企业虽然可以获得更多的资源，但应在并购中更好地利用这些资源，创造更好的业绩。

第三节 并购的创新动因、资源基础观与长期市场反应

一、引言

随着经济环境的变化，创新发展已成为新的导向。党的十八大确定了创新驱动发展战略。党的十九大报告中，“创新”出现多达五十余次。当前社会的主要矛盾已经发生变化，要想解决人民日益增长的美好生活需要和不平衡不充分的发展之间的矛盾，必须向创新型国家发展。其中企业作为微观主体，是创新发展的主要载体。但是企业在创新的过程中，要面对来自技术、过程和未来市场前景等多重不确定因素，完全依靠自身进行独立创新具有一定的风险，有可能事倍功半。企业通过并购的方式获取外部的创新技术、利用外部的创新资源是另一个提升创新水平的途径，可以减少仅靠内部研发所潜在的风险。

但是并购后并非所有企业都获得了价值提升，那么哪些因素影响了并购后的企业发展呢？并购不仅仅是双方的简单合并，更是各项资源的重新组合和配置。已有研究提出了资源基础观理论，分别探讨了资源的相似性、互补性、内部资源和能力以及资源冗余对并购市场反应的影响。企业自身所具备的资源和能力对并购后的市场表现也会产生重要影响。主并方自身需要具有一定的资源和合理配置资源的能力，才能取得并购的成功。

本节选取2012—2014年发生的并购活动为样本，观察并购动因对长期市场反应的影响，并从资源基础观角度分析其对并购动因与长期市场反应之间关系的调节作用，研究发现：

（1）创新动因的并购能带来更好的长期市场反应；

（2）企业的资源禀赋能力可以强化创新动因与长期市场反应之间

的正向关系；

（3）企业的资源冗余储备可以强化创新动因与长期市场反应之间的正向关系。

二、理论分析与研究假设

（一）并购动因与长期市场反应

主并方并购后长期市场反应的表现一直没有统一结论，针对不同的经济环境和行业背景，可能会有不同结果（宋希亮等，2008）。目前的研究更多集中在非创新动因的并购带来的短期、长期市场反应，对创新动因如何影响并购后的市场反应研究较少。近年来，企业的并购活动开始不仅考虑扩大规模、整合价值链等，而是越来越关注获取目标公司的新产品、新技术、新工艺、研发团队等。此时主并方可以通过并购快速获取目标公司的创新资源和创新能力，通过整合提高整体研发效率，降低创新中的各种不确定性，使这类并购具有更可观的长期性和未来发展潜力。已有研究发现了技术并购的长期市场反应更好（温成玉和刘志新，2011）。随着创新战略的推进，投资者将注意到技术之外的创新资源和能力，进而对这一情况给予足够重视，这将意味着创新动因的并购可以带来更好的长期市场反应。

因此，本节提出假设：

假设 5－6：与非创新动因的并购相比，创新动因的并购能带来更好的长期市场反应。

（二）资源基础观的调节作用

早在 1959 年，Penrose（1959）就注意到企业资源和企业成长之间存在着某种关系。他在自己的论著——《企业的成长》中提出了资源基础观，认为企业内部的资源和能力是企业成长和发展的基础。Wernerfelt（1984a）受到 Penrose 观点的启发，在 1984 年提出企业资源具有异质性，且这种具有异质性的资源不能转移，建立了资源基础理论。然而，这种观点在当时并没有引起专家学者的重视。直到上个世纪末，Barney（1991）进一步提出了资源基础观的框架，他认为企业自身所具有的优良资源禀赋，可以成为企业独特的竞争优势，而且企业转换和运用资源的能力也成为一种特殊的资源。这一观点得到 Alvarez 和 Busenitz（2001）的认同。

近年来随着竞争的加剧，资源观越来越受到关注。Klingebiel 和 Rammer（2014）、魏谷和孙启新（2014）、Grimpe 和 Hussinger（2014）、Kaul 和 Wu（2016）等探讨了自身资源与并购市场反应的关系，以及主并方和目标方资源的差异性和互补性等对并购市场反应的影响。本节从资源禀赋和资源冗余储备两个角度展开分析。

1. 资源禀赋

资源禀赋学说又称为赫克歇尔－俄林定理（Heckscher－Ohlin－Samuelson Theory）（张矢的等，2009）。该理论认为，资源禀赋是指企业拥有的各种生产要素，其中既包括土地、生产资本和资产规模等实物资产要素，也包括人力资源、掌握的生产技术和经营管理方式等无形资产要素，同时还包括财务资本等财务资源。

企业持续发展需要的竞争优势，很大程度来源于自身优良的资源禀赋。企业内部拥有丰富的资源被视为资源壁垒，能够在激烈的市场竞争中靠独特的资源优势占领一席之地。企业的资源禀赋是有价值的、稀缺的，同时也是难以抄袭和模仿的，因此能够给企业带来持续的竞争优势。企业的内部资源禀赋是企业成长和发展的保障，同时也是企业通过并购活动快速获取对方资源、扩大自身规模的良好基础。企业的内部自有资源不同，资源禀赋不同，并购后的市场反应可能也有所不同（邵帅和齐中英，2008）。

创新动因的并购更加关注通过并购获取创新资源和能力，目的更明确，但创新本身具有的不确定性也使此时的并购潜藏着一定风险。可以合理推断，创新动因的并购需要更多的内部资源来支持并购的完成以及随之而来的整合发展。如果企业具有充足、优质的内部资源，则会更有能力选择适当的并购目标，在并购后更加有效地进行创新资源的利用和整合，带来更好的长期市场反应。

因此，本节提出假设：

假设5-7：资源禀赋更好的公司，创新动因与长期市场反应之间的正向关系更显著。

2. 资源冗余储备

Bourgeois（1981）认为，企业中有利用价值但还没被充分利用的，以及目前被闲置的资源，在企业中可以发挥缓冲作用，帮助企业应对内外部压力，这些资源可以定义为资源冗余储备。可见此时的冗余并非贬义，可以理解为一种安全储备。Nohria和Gulati（1996）发现资源冗余储备越多，越有利于企业进行创新。

并购交易开始前，资源冗余储备的主要价值体现在将资源转换为并购活动所需的动力。并购交易完成后，主并方需要调动各方面资源进行整合，原来看起来冗余的资源也将开始发挥作用。由此可见，对资源冗余储备的利用是一个长期的过程，贯穿于并购前、中、后。这关乎企业是否能够实现并购的目的，是否能够获得竞争优势，是否能够为企业带来价值创造。

Hitt等（1991b）认为企业可以将内部培育的创新资源和通过并购获取的外部创新资源有效的整合在一起，从而成为企业的创新优势，提高企业并购后的市场反应。可见，资源冗余储备具有积极意义，当企业在并购时遇到突如其来的不确定因素时，这些资源可以起到缓冲作用，在企业面临困境时形成保护（邹国庆和倪昌红，2010）。尽管资源冗余储备的这些作用对于企业来说并不总是必需的，但可以在环境变化时有助于企业的经营运作。

创新动因的并购意在获取创新资源和能力，其中的激烈竞争和更大的不确定性都要求企业具有足够的资源实力，要求企业不断提升对已有资源的利用能力和构建能力。资源冗余储备较多的企业，可以把内部自有的创新资源和通过并购获取的外部创新资源充分协调整合，优化资源配置，获得协同效应。随着时间的推移，这些闲置的、未被充分利用的资源通过良好的操作和整合，将更有利于长期市场反应的提升。

因此，本节提出假设：

假设5－8：资源冗余储备更充足的公司，创新动因与长期市场反应之间的正向关系更显著。

三、研究设计

（一）样本选择

本节从BVD—ZEPHYR全球并购交易数据库选取了2012—2014年沪深两市A股上市公司的并购事件为研究样本，进行了如下筛选：

（1）剔除ST和＊ST的样本；

（2）剔除金融行业样本；

（3）如果主并方在同一年内既参与了创新动因的并购又参与了非创新动因的并购，则保留第一次创新动因的并购，剔除其余数据；

（4）如果主并方在一年内发生多次创新动因的并购，只保留第一次，其余数据予以剔除；

（5）剔除数据缺失的样本。在此基础上本节最终得到572个样本。

本节所需的数据主要来自国泰安（CSMAR）数据库、锐思（RESSET）数据库、万德（Wind）数据库、巨潮资讯网和部分企业官网。

（二）变量定义

1. 长期市场反应（BHAR）

本节使用长期超额收益率（BHAR）度量长期市场反应。BHAR衡量了主并方从获得目标方股票开始，一直持有到观察期结束，公司股票的实际收益率是否超过期望收益率。模型同本章第二节模型5－2。其中时间跨度延长到24个月。

2. 并购动因（IDMA）

根据本书对并购动因的界定，本节下载并购公告和年报，搜索新技术、新工艺、研发团队等关键词，手工分析判断了并购活动的目的。符合创新动因的并购样本IDMA取值为1，否则为0。最后得到创新动因的并购 185 个，非创新动因的并购 387 个。由于需要对比并购前后的市场反应，引入时间变量（Time）。如果数据年度是并购前，Time 取值为 0，否则为 1。

3. 调节变量

资源禀赋（TAR）使用有形资产比率度量，计算方式为：

资源禀赋（TAR）=（固定资产净值 + 在建工程净值 + 工程物资 + 生产性物资总额）/资产总额

Bourgeois（1981）论证了采用财务指标来衡量资源冗余储备的可行性。大部分研究中资源冗余储备都是采用财务指标度量（蒋春燕和赵曙明，2004）。本节参考常用做法（Herold 等，2006；Iyer 和 Miller，2008；李晓翔和刘春林，2011），采用企业的管理费用率度量资源冗余储备（Res）。

资源冗余储备（Res）= 管理费用/营业收入

这种资源沉淀在组织内部，平时具有一定的隐蔽性。但是这种资源作为一种储备资源，可以在重大事件中发挥“缓冲剂”的作用。管理者可以较为快速调动这种资源为企业带来财富。

4. 控制变量

参考相关文献（李善民和陈玉罡，2002），本节选取公司年龄（Size）、资产负债率（LEV）、第一大股东持股比例（First）、企业性质（SOE）等作为控制变量。

具体的变量定义如表 5 - 16 所示。

表 5 - 16　变量定义

变量名称	变量符号	变量定义
长期市场反应	BHAR	公司并购前/后 24 个月的长期持有超额收益
并购动因	IDMA	创新动因的并购样本取值为 1，否则取值为 0
样本时间	Time	样本并购后的数据取值为 1，否则取值为 0
资源禀赋	TAR	（固定资产净值 + 在建工程净值 + 工程物资 + 生产性物资总额）/资产总额
资源冗余储备	Res	管理费用/营业收入

续表

变量名称	变量符号	变量定义
公司年龄	Age	Ln（并购年度 - 成立年度）
资产负债率	LEV	并购当年主并方的总负债/总资产
第一大股东持股	First	第一大股东持股数量/公司普通股数
企业性质	SOE	主并方为国有性质的样本取值为1，否则取值为0
行业	IND	行业虚拟变量
年度	Year	年度虚拟变量

（三）模型构建

为了验证假设5－6，本节以2012—2014年572个样本并购前后两年的BHAR为因变量，使用本章第二节中模型5－3进行检验。

为了验证假设5－7、假设5－8，本节在模型5－3的基础上分别加入IDMA、Time和TAR的交乘项或IDMA、Time和Res的交乘项形成模型5－5。

$$BHAR = \alpha_0 + \alpha_1 IDMA + \alpha_2 Time + \alpha_3 TAR/Res + \alpha_4 IDMA \cdot Time \cdot TAR/IDMA \cdot Time \cdot Res + \sum Controls + \varepsilon \quad (5-5)$$

四、实证结果

（一）描述性统计

本节共有572个并购样本，因为需要用到并购前后两年的数据，所以最终得到公司年度数据2288个。主要变量的描述性统计见表5－17。

表 5 – 17　描述性统计

变量	N	均值	标准差	最小值	中位数	最大值
BHAR	2288	0. 036	0. 049	–0. 138	0. 030	0. 189
IDMA	2288	0. 323	0. 468	0. 000	0. 000	1. 000
TAR	2288	0. 280	0. 094	0. 002	0. 248	0. 882
Res	2288	0. 102	0. 098	0. 003	0. 081	0. 972
LEV	2288	0. 475	0. 210	0. 056	0. 485	0. 940
First	2288	0. 353	0. 151	0. 045	0. 336	0. 852
Age	2288	2. 697	0. 390	0. 693	2. 773	3. 714
SOE	2288	0. 467	0. 500	0. 000	0. 000	1. 000

长期市场反应（BHAR）的均值为 0. 036，整体来看并购的长期市场反应并不明显。资源禀赋（TAR）的均值为 0. 280，相关资产在资产总额中占比超过四分之一。资源冗余储备（Res）均值为 0. 102，也是不能忽视的一项资源。

为了进一步对比不同动因的并购对长期市场反应的影响，表 5 – 18 给出了分组检验的结果。创新动因的 BHAR 均值为 0. 040，非创新动因的 BHAR 均值为 0. 035，二者差异在 5% 的水平下显著，初步支持了假设 5 – 6。此外，创新动因的并购样本中，TAR 的均值略高但并不显著，Res 则显著更高。创新动因的并购样本第一大股东持股比例和企业年龄都显著更低。

表 5 – 18　并购动因分组均值 T 检验

变量	创新动因的并购（$N=740$）			非创新动因的并购（$N=1548$）			均值 T 检验
	均值	最小值	最大值	均值	最小值	最大值	
BHAR	0. 040	–0. 138	0. 189	0. 035	–0. 138	0. 189	2. 159**
TAR	0. 284	0. 001	0. 817	0. 277	0. 001	0. 882	0. 813
Res	0. 110	0. 015	0. 797	0. 099	0. 002	0. 972	3. 291***
LEV	0. 451	0. 056	0. 940	0. 487	0. 013	0. 941	–3. 805***

续表

变量	创新动因的并购（$N=740$）			非创新动因的并购（$N=1548$）			均值 T 检验
	均值	最小值	最大值	均值	最小值	最大值	
First	0.344	0.071	0.852	0.357	0.045	0.773	-2.000**
Age	2.631	1.099	3.526	2.723	0.693	3.714	-5.652***
SOE	0.373	0.000	1.000	0.512	0.000	1.000	-6.270***

注：***、**、* 分别表示在 1%、5%、10% 的水平下显著。

（二）相关性分析

为了研究模型中各变量之间的相关关系，本节给出了主要变量的 Pearson 相关系数（见表 5-19）。根据表 5-19，并购动因与长期市场反应显著正相关。资源禀赋、资源冗余储备则与长期市场反应显著负相关，但资源冗余储备与并购动因显著正相关。

（三）回归结果

表 5-20 第一列显示，IDMA · Time 的系数显著为 0.012，说明创新动因的并购发生后，企业的长期市场反应得到显著的提升，支持了假设 5-6。与非创新动因的并购相比，创新动因的并购可以获取对方的创新资源，并形成自己的优势，给企业带来更好的长期市场反应。第 2 列中 IDMA · Time · TAR 的系数显著为 0.037，说明有形资产比率越大，企业自身的资源禀赋（TAR）条件越好，创新动因的并购（IDMA）获得的长期市场反应越好。企业的资产禀赋越强，越有利于并购活动的成功开展，验证了假设 5-7。第 3 列中 IDMA · Time · Res 的系数显著为 0.075，说明资源冗余储备越多，创新动因的并购越能获得更好的长期市场反应，支持了假设 5-8。资源冗余储备实际上代表了一种必要的资源储备，让组织有足够的整合和调整空间，降低并购风险和难度。

表 5-19　相关性分析

变量	BHAR	IDMA	Time	TAR	Res	LEV	First	Age	SOE
BHAR	1								
IDMA	0.045**	1							
Time	-0.037*	0.000	1						
TAR	-0.142***	0.017	-0.066***	1					
Res	-0.066***	0.058***	0.037*	-0.117***	1				
LEV	-0.337***	-0.023	-0.023	0.051**	-0.038*	1			
First	0.102***	-0.039*	-0.082***	0.133***	-0.120***	0.041*	1		
Age	-0.117***	-0.116***	0.279***	-0.036*	0.041**	0.158***	-0.119***	1	
SOE	-0.133***	-0.130***	0.000	0.233***	-0.129***	0.206***	0.233***	0.227***	1

注：***、**、*分别表示在1%、5%、10%的水平下显著。

表 5-20 回归结果

变量	模型 5-3	模型 5-5	模型 5-5
IDMA	-0.002 (-0.76)	-0.001 (-0.51)	0.000 (-0.15)
Time	-0.007*** (-2.77)	-0.007*** (-3.32)	-0.005** (-2.52)
IDMA · Time	0.012*** (2.87)		
TAR		-0.048*** (-8.51)	
IDMA · Time · TAR		0.037*** (3.74)	
Res			-0.074*** (-6.56)
IDMA · Time · Res			0.075*** (3.52)
LEV	-0.051*** (-15.85)	-0.050*** (-15.61)	-0.054*** (-16.53)
First	0.042*** (6.46)	0.046*** (7.12)	0.037*** (5.60)
Age	-0.003 (0.92)	-0.003 (-0.95)	-0.002 (-0.90)
SOE	-0.011 (-0.85)	-0.008*** (-3.54)	-0.012*** (-5.48)
IND	控制	控制	控制
Year	控制	控制	控制
Constant	0.072*** (7.85)	0.074*** (8.13)	0.081*** (8.74)
N	2288	2288	2288
F	31.67***	34.98***	32.48***
R^2	0.153	0.177	0.167

注：***、**、*分别表示在1%、5%、10%的水平下显著。

（四）稳健性检验

1. 因变量窗口期调整

本节扩大事件窗口期，计算主并方并购前后三年的市场反应作为因变量重新进行回归分析。表5-21显示，IDMA · Time的对应系数显著为0.009，仍支持了假设5-6。IDMA · Time · TAR、IDMA · Time · Res的对应系数均显著为正，与前文结论一致，支持了假设5-7和假设5-8。

表5-21　稳健性检验（窗口期调整）

变量	模型5-3	模型5-5	模型5-5
IDMA	-0.001 (-0.50)	-0.002 (-0.93)	0.001 (0.48)
Time	-0.007*** (-3.79)	-0.009*** (-5.13)	-0.006*** (-3.42)
IDMA · Time	0.009*** (2.62)		
TAR		-0.048*** (-10.58)	
IDMA · Time · TAR		0.038*** (4.62)	
Res			-0.070*** (-7.70)
IDMA · Time · Res			0.044** (2.44)
LEV	-0.048*** (-17.98)	-0.046*** (-17.53)	-0.050*** (-18.80)
First	0.044*** (8.24)	0.048*** (9.00)	0.038*** (7.13)
Age	-0.003 (-1.20)	-0.002 (-1.08)	-0.002 (-1.01)
SOE	-0.012*** (-6.89)	-0.008*** (-4.88)	-0.013*** (-7.36)

续表

变量	模型 5 - 3	模型 5 - 5	模型 5 - 5
IND	控制	控制	控制
Year	控制	控制	控制
Constant	0.065 *** (8.93)	0.066 *** (9.26)	0.072 *** (9.95)
N	3432	3432	3432
F	44.48 ***	50.35 ***	45.66 ***
R^2	0.145	0.171	0.158

注：***、**、*分别表示在1%、5%、10%的水平下显著。

2. 调节变量调整

Teece（1981）将企业的资源禀赋分为实物资产资源、无形资产资源和财务资源三类。本节选取"无形资产比率"作为衡量资源禀赋的指标，将其定义为：

无形资产比率（IA）=（无形资产 + 开发支出）/资产总额

有学者认为可以用流动比率来测量资源冗余储备（蒋卫平和刘黛蒂，2016），本节将其定义为：

流动比率（CR）= 流动资产/流动负债

替换调节变量后，回归结果如表5－22所示。资源禀赋和资源冗余储备各自与IDMA和Time的交乘项系数均显著为正，与前文结果一致。

表5－22 稳健性检验（调节变量调整）

变量	BHAR	BHAR
IDMA	0.002 (0.88)	0.002 (0.83)
Time	−0.004 * (−1.90)	−0.004 * (−1.90)
IA	−0.031 ** (−2.06)	
IDMA · Time · IA	0.052 ** (2.03)	

续表

变量	BHAR	BHAR
CR		-0.000 (-1.24)
IDMA · Time · CR		0.002* (1.65)
LEV	-0.052*** (-16.02)	-0.053*** (-15.48)
First	0.042*** (6.44)	0.042*** (6.43)
Age	-0.002 (-0.79)	-0.003 (-1.01)
SOE	-0.011*** (-5.05)	-0.011*** (-5.16)
IND	控制	控制
Year	控制	控制
Constant	0.071*** (7.71)	0.073*** (7.78)
N	2288	2288
F	29.16***	28.99***
R^2	0.152	0.152

注：***、**、*分别表示在1%、5%、10%的水平下显著。

五、结论与建议

（一）研究结论

并购与创新当前在实务操作和理论研究中都受到了较多关注，但对于并购动因与长期市场反应的关系，尤其是企业资源所扮演的角色仍然研究不足。本节选取了2012—2014年沪深两市A股上市公司作为主并方的并购事件为研究样本，分析并购动因对长期市场反应的影响，进而分析资源禀赋和资源冗余储备对二者关系的调节作用。本节的主要结论包括：

（1）并购动因对长期市场反应有着显著影响，创新动因的并购能为企业带来更好的长期市场反应。创新动因的并购已经成为企业获取创新资源和能力的重要方式，可以提高企业的创新能力，从而在市场上获得有利的竞争地位，最终对企业的长期市场反应产生积极作用。

（2）企业的资源禀赋能力越强，创新动因对长期市场反应的促进越显著。当企业的资源禀赋比较充足时，企业有基础选择具有更高不确定性的创新动因的并购，也更容易找到与目标方的整合切入点，从而提高整合的效率，能够产生更好的长期市场反应。

（3）企业的资源冗余储备越充足，创新动因对长期市场反应的促进越显著。资源冗余储备并非贬义，指的是企业内部超过正常的生产需求、暂时被闲置、没有充分利用的资源。作为一种战略储备，企业可以在进行创新动因的并购时充分利用资源冗余储备，对资源进行合理调配和整合，有利于并购的成功。

（二）政策建议

根据研究结论，本节提出如下建议：

（1）监管机构可以引导和鼓励创新动因的并购。由本节的实证结果可知，相比于非创新动因的并购，创新动因的并购能带来更好的长期市场反应，值得引导和鼓励。但与此同时，由于创新动因的并购不确定性更强，也需要监管部门加强监管，避免高估值、高溢价、高商誉等不合理现象。

（2）企业需要重视自身资源的合理调配，提高并购的长期价值。本节中结果显示，企业的资源禀赋和资源冗余储备均能够正向调节创新动因与长期市场反应之间的正相关关系，说明企业自身的资源安排和调配对于企业的长期发展非常重要。企业一方面要重视各方面的显性资源，同时也需要发掘和利用资源冗余储备，提高资源的配置效率，进而实现企业价值的提升。

主要参考文献

[1] Aboody, D., Lev, B. The Value Relevance of Intangibles: The Case of Software Capitalization [J]. Journal of Accounting Research, 1998, 36: 161 – 191.

[2] Aghion, P., Bloom, N., Blundell, R., Grigth, R., Howitt, P. Competition and Innovation: An Inverted – U Relationship [J]. Quarterly Journal of Economics, 2005, 120 (2): 701 – 728.

[3] Aghion, P., Reenen, J. V., Zingales, L. Innovation and Institutional Ownership [J]. The American Economic Review, 2013, 103 (1): 277 – 304.

[4] Agrawal, A., Jaffe, J. F., Mandelker, G. N. The Post – merger Performance of Acquiring Firms: A Re – examination of An Anomaly [J]. Journal of Finance, 1992, 47 (4): 1605 – 1621.

[5] Ahuja, G., Katila, R. Technological Acquisitions and the Innovation Performance of Acquiring Firms: A Longitudinal Study [J]. Strategic Management Journal, 2001, 22 (3): 197 – 220.

[6] Alexandridis, G., Antoniou, A., Zhao, H. Belief Asymmetry and Gains from Acquisitions [J]. Journal of Multinational Financial Management, 2008, 18 (5): 443 - 460.

[7] Almeida, H., Campello, M., Weisbach, M. S. The Cash Flow Sensitivity of Cash [J]. Journal of Finance, 2004, 59 (4): 1777 - 1804.

[8] Alvarez, S. A., Busenitz, L. W. The Entrepreneurship of Resource - based Theory [J]. Journal of Management, 2001, 27 (6): 755 - 775.

[9] Ansoff, H. I. Corporate Strategy: An Analytic Approach to Business Policy for Growth and Expansion [M]. New York: McGraw - Hill, 1965.

[10] Arikan, A. M., Capron, L. Do Newly Public Acquirers Benefit or Suffer from their Pre - IPO Affiliations with Underwriters and VCs [J]. Strategic Management Journal, 2010, 31 (12): 1257 - 1289.

[11] Arrow, K. J. The Economic Implications of Learning by Doing [J]. The Review of Economic Studies, 1962, 29 (3): 155 - 173.

[12] Ayyagari, M., Demirguc - Kunt, A., Maksimovic, V. Firm Innovation in Emerging Markets: The Role of Finance, Governance, and Competition [J]. Journal of Financial and Quantitative Analysis, 2011, 46 (6): 1545 - 1580.

[13] Baek, J - S., Kang, J - K., Lee, I. Business Groups and Tunneling: Evidence from Private Securities Offerings by Korean Chaebols [J]. Journal of Finance, 2006, 61 (5): 2415 - 2449.

[14] Bae, K - H, Kang, J - K, Kim, J - M. Tunneling or Value Added? Evidence from Mergers by Korean Business Groups [J]. Journal of Finance, 2002, 57 (6): 2695 - 2740.

[15] Barden, J. Q. The Influences of Being Acquired on Subsidiary Innovation Adoption [J]. Strategic Management Journal, 2012, 33 (11): 1269 - 1285.

[16] Barney, J. B. Firm Resource and Sustained Competitive Advantage [J]. Journal of Management, 1991, 17 (1): 99 - 120.

[17] Beck, T. A, Demirguc, K., Maksimovic, V. Bank Competition and Access to Finance: International Evidence [J]. Journal of Money, Credit and Banking, 2004, 36 (3): 627-648.

[18] Belloc, F. Law, Finance and Innovation: The Dark Side of Shareholder Protection [J]. Cambridge Journal of Economics, 2013, 37 (4): 863-888.

[19] Belloc, F. Corporate Governance and Innovation: A Survey [J]. Journal of Economic Surveys, 2012, 26 (5): 835-864.

[20] Bena, J., Li, K. Corporate Innovations and Mergers and Acquisitions [J]. Journal of Finance, 2014, 69 (5): 1923-1960.

[21] Bentley, K. A., Omer, T. C., Sharp, N. Y. Business Strategy, Financial Reporting Irregularities, and Audit Effort [J]. Contemporary Accounting Research, 2013, 30 (2): 780-817.

[22] Berkovitch, E., Narayanan, M. P. Competition and the Medium of Exchange in Takeovers [J]. Review of Financial Studies, 1990, 3 (2): 153-174.

[23] Berle, A. A., Means, G. C. The Modern Corporation and Private Property [M]. New York: Macmillan, 1932.

[24] Bertrand, M., Mullainathan, S. Enjoying the Quiet Life? Corporate Governance and Managerial Preferences [J]. Journal of Political Economy, 2003, 111 (5): 1043-1075.

[25] Bikker, J. A., Haaf, K. Competition, Concentration and their Relationship: An Empirical Analysis of the Banking Industry [J]. Journal of Banking & Finance, 2002, 26 (11): 2191-2214.

[26] Bone, S., Saxon, T. Developing Effective Technology Strategies [J]. Research Technology Management, 2000, 43 (4): 50-58.

[27] Bourgeois III, L. J. On the Measurement of Organizational Slack [J]. Academy of Management Review, 1981, 6 (1): 29-39.

[28] Bradley, M. Interfirm Tender Offers and the Market for Corporate Control [J]. Journal of Business, 1980, 53 (4): 345-376.

[29] Branstetter, L. G., Fisman, R., Foley, C. Do Stronger Intellectual Property Rights Increase International Technology Transfer? Empirical Evidence from US Firm – level Panel Data [J]. The Quarterly Journal of Economics, 2006, 121 (1): 321 – 349.

[30] Bruslerie, H. D. L. Corporate Acquisition Process: Is there an Optimal Cash – equity Payment Mix? [J]. International Review of Law & Economics, 2012, 32 (1): 83 – 94.

[31] Bushee, B. J. Do Institutional Investors Prefer Near – term Earnings over Long – run Value? [J]. Contemporary Accounting Research, 2001, 18 (2): 207 – 246.

[32] Callen, J. L., Fang, X. Institutional Investor Stability and Crash Risk: Monitoring versus Short – termism? [J]. Journal of Banking & Finance, 2013, 37 (8): 3047 – 3063.

[33] Capron, L. Resource Redeployment Following Horizontal Acquisitions: Europe & North America, 1988 – 1992 [J]. Strategic Management Journal, 1998, 19 (7): 631 – 661.

[34] Cassiman, B., Veugelers, R. In Search of Complementarity in Innovation Strategy: Internal R&D and External Knowledge Acquisition [J]. Management Science, 2006, 52 (1): 68 – 82.

[35] Celikyurt, U., Sevilir, M., Shivdasani, A. Venture Capitalists on Boards of Mature Public Firms [J]. Review of Financial Studies, 2014, 27 (1): 56 – 101.

[36] Chang, S. Takeovers of Privately Held Targets, Methods of Payment, and Bidder Returns [J]. Journal of Finance, 1998, 53 (2): 773 – 784.

[37] Chang, X., Fu, K., Low, A., Zhang, W. Non – executive Employee Stock Options and Corporate Innovation [J]. Journal of Financial Economics, 2015, 115 (1): 168 – 188.

[38] Chemmanur, T., Tian, X. Do Antitakeover Provisions Spur Corporate Innovation? A Regression Discontinuity Analysis [J]. Journal of

Financial & Quantitative Analysis, 2018, 53 (3): 1163 - 1194.

[39] Chen, G., Kang, J. K., Kim, J. M., Na, H. S. Sources of Value Gains in Minority Equity Investments by Private Equity Funds: Evidence from Block Share Acquisitions [J]. Journal of Corporate Finance, 2014, 29: 449 - 474.

[40] Chen, X., Harford, J., Li, K. Monitoring: Which Institutions Matter? [J]. Journal of Financial Economics, 2007, 86 (2): 279 - 305.

[41] Choi, D., Philippatos, G. C. An Examination of Merger Synergism [J]. Journal of Financial Research, 1983, 6 (3): 239 - 256.

[42] Cleary, S. The Relationship between Firm Investment and Financial Status [J]. Journal of Finance, 1999, 54 (2): 673 - 692.

[43] Cohen, W. M., Levinthal, D. A. Absorptive Capacity: A New Perspective on Learning and Innovation [J]. Administrative Science Quarterly, 1990, 35 (1): 128 - 152.

[44] Comanor, W. S. Market Structure, Product Differentiation, and Industrial Research [J]. Quarterly Journal of Economics, 1967, 81 (4): 639 - 657.

[45] Constable, J. Diversification as a Factor in U. K. Industrial Strategy [J]. Long Range Planning, 1986, 19 (1): 52 - 60.

[46] Cull, R., Xu, C. Institutions, Ownership, and Finance: The Determinants of Profit Reinvestment among Chinese Firms [J]. Journal of Financial Economics, 2005, 77 (1): 117 - 146.

[47] Demsetz, H. The Cost of Transacting [J]. The Quarterly Journal of Economics, 1968, 82 (1): 33 - 53.

[48] Dodd, P., Ruback, R. Tender Offers and Stockholder Returns: An Empirical Analysis [J]. Journal of Financial Economics, 1977, 5 (3): 351 - 373.

[49] Dyck, A., Zingales, L. Private Benefits of Control: An International Comparison [J]. Journal of Finance, 2004, 59 (2): 537 - 600.

[50] Dzikowski, P. Business Cycle and Innovation Activity in Medium -

high and High Technology Industry in Poland [J]. Management, 2015, 16: 93 - 105.

[51] Erickson, M., Wang, S. Earnings Management by Acquiring Firms in Stock for Stock Mergers [J]. Journal of Accounting and Economics, 1999, 27 (2): 149 - 176.

[52] Ernst, H., Vitt, J. The Influence of Corporate Acquisitions on the Behavior of Key Inventors [J]. R&D Management, 2000, 30 (2): 105 - 119.

[53] Faccio, M., Masulis, R. W. The Choice of Payment Method in European Mergers and Acquisitions [J]. Journal of Finance, 2005, 60 (3): 1345 - 1388.

[54] Faleye, O., Kovacs, T., Venkateswaran, A. Do Better - connected CEOs Innovate More? [J]. Journal of Financial and Quantitative Analysis, 2014, 49 (5 - 6): 1201 - 1225.

[55] Fazzari, S., Hubbard, R. G., Petersen, B. Investment, Financing Decisions, and Tax Policy [J]. American Economic Review, 1988, 78 (2): 200 - 205.

[56] Ferreira, M. A., Matos, P. The Colors of Investors' Money: The Role of Institutional Investors around the World [J]. Journal of Financial Economics, 2008, 88 (3): 499 - 533.

[57] Fleming, L. Recombinant Uncertainty in Technological Search [J]. Management Science, 2001, 47 (1): 117 - 132.

[58] Gerpott, T. J. Successful Integration of R&D Functions after Acquisitions [J]. R&D Management, 2010, 25 (2): 161 - 178.

[59] Ghosh, A. Does Operating Performance Really Improve Following Corporate Acquisitions? [J]. Journal of Corporate Finance, 2001, 7 (2): 151 - 178.

[60] Ghosh, A., Ruland, W. Managerial Ownership, the Method of Payment for Acquisitions, and Executive Job Retention [J]. Journal of Finance, 1998, 53 (2): 785 - 798.

[61] Grant, R. M. Prospering in Dynamically – competitive Environments: Organizational Capability as Knowledge Integration [J]. Organization Science, 1996, 7 (4): 375 – 387.

[62] Gregory, A. An Examination of the Long Run Performance of UK Acquiring Firms [J]. Journal of Business Finance and Accounting, 1997, 24 (7 – 8): 971 – 1002.

[63] Grimpe, C., Hussinger, K. Resource Complementarity and Value Capture in Firm Acquisitions: The Role of Intellectual Property Rights [J]. Strategic Management Journal, 2014, 35 (12): 1762 – 1780.

[64] Grossman, G. M., Helpman, E. Quality Ladders in the Theory of Growth [J]. The Review of Economic Studies, 1991, 58 (1): 43 – 61.

[65] Hansen, M. T., Birkinshaw, J. The Innovation Value Chain [J]. Harvard Business Review, 2007, 85 (6): 121 – 135.

[66] Haspeslagh, P. C., Jemison, D. B. The Challenge of Renewal through Acquisitions [J]. Strategy & Leadership, 1991, 19 (19): 27 – 30.

[67] Haushalter, D., Klasa, S., William, F. M. The Influence of Product Market Dynamics on a Firm's Cash Holdings and Hedging Behaviors [J]. Journal of Financial Economics, 2007, 84 (3): 797 – 825.

[68] Hayward, M., Hambriek, D. Explaining the Premiums Paid for Large Acquisitions: Evidence of CEO Hubris [J]. Administrative Science Quarterly, 1997, 42 (1): 103 – 127.

[69] He, J., Tian, X. Finance and Corporate Innovation: A Survey [J]. Asia – Pacific Journal of Financial Studies, 2018, 47 (2): 165 – 212.

[70] Healy, P. M., Palepu, K. G., Ruback, R. S. Does Corporate Performance Improve after Mergers? [J]. Journal of Financial Economics, 1992, 31 (2): 135 – 175.

[71] Henderson, R., Cockburn, I. Scale, Scope, and Spillovers: The Determinants of Research Productivity in Drug Discovery [J]. Rand

Journal of Economics, 1996, 27 (1): 32 -59.

[72] Herold, D. M. , Jayaraman, N. , Narayanaswamy, C. R. What Is the Relationship between Organizational Slack and Innovation [J]. Journal of Managerial Issues, 2006, 18 (3): 372 -392.

[73] Higgins, M. J. , Rodriguez, D. The Outsourcing of R&D through Acquisitions in the Pharmaceutical Industry [J]. Journal of Financial Economics, 2006, 80 (2): 351 -383.

[74] Hitt, M. A. , Hoskisson, R. E. , Ireland, R. D. , Harrison, J. S. Are Acquisitions A Poison Pill for Innovation? [J]. The Executive, 1991a, 5 (4): 22 -34.

[75] Hitt, M. A. , Hoskisson, R. E. , Ireland, R. D. , Harrison, J. S. Effects of Acquisitions on R&D Inputs and Outputs [J]. Academy of Management Journal, 1991b, 34 (3): 693 -706.

[76] Holderness, C. G. A Survey of Blockholders and Corporate Control [J]. Economic Policy Review, 2003, 9 (1): 51 -63.

[77] Holmstrom, B. Agency Costs and Innovation [J]. Journal of Economic Behavior and Organization, 1989, 12 (3): 305 -327.

[78] Howe, J. S. , Shen, Y. P. Information Associated with Dividend Initiations: Firm - specific or Industry - wide? [J]. Financial management, 1998, 27 (3): 17 -26.

[79] Hsu, P - H. , Tian, X. , Xu, Y. Financial Development and Innovation: Cross - country Evidence [J]. Journal of Financial Economics, 2014, 112 (1): 116 -135.

[80] Hussinger, K. Absorptive Capacity and Post - acquisition Inventor Productivity [J]. Journal of Technology Transfer, 2012, 37 (4): 490 -507.

[81] Hynynen, J. Supporting Invention and Innovation in Central Finland: Inspiring IP Awareness [J]. World Patent Information, 2013, 35 (2): 105 -109.

[82] Ittner, C. D. , Larcker, D. F. , Rajan, M. V. The Choice of Performance

Measures in Annual Bonus Contracts [J]. The Accounting Review, 1997, 72 (2): 231 - 255.

[83] Iyer, D. N., Miller, K. D. Performance Feedback, Slack and The Timing of Acquisitions [J]. Academy of Management Journal, 2008, 51 (4): 808 - 822.

[84] Jensen, M. C. The Agency Costs of Free Cash Flow: Corporate Finance and Takeovers [J]. American Economic Review, 1986, 76 (2): 323 - 329.

[85] Jensen, M. C., Ruback, R. S. The Market for Corporate Control: The Scientific Evidence [J]. Journal of Financial Economics, 1983, 11 (1 - 4): 5 - 50.

[86] Jensen, M., Meckling, W. Theory of the Firm: Management Behavior, Agency Cost and Ownership Structure [J]. Journal of Financial Economics, 1976, 3 (4): 305 - 360.

[87] Johnson, S., La Porta, R., Lopez - de - Silanes, F., Shleifer, A. Tunnelling [J]. American Economic Review, 2000, 90: 22 - 27.

[88] Kanwar, S. Business Enterprise R&D, Technological Change, and Intellectual Property Protection [J]. Economics Letters, 2007, 96 (1): 120 - 126.

[89] Kaul, A., Wu, B. A Capabilities - based Perspective on Target Selection in Acquisitions [J]. Strategic Management Journal, 2016, 37 (7): 1220 - 1239.

[90] Klein, B., Crawford, R. G., Alchian, A. A. Vertical Integration, Appropriable Rents and The Competitive Contracting Process [J]. Journal of Law & Economics, 1978, 21 (2): 297 - 326.

[91] Klingebiel, R., Rammer, C. Resource Allocation Strategy for Innovation Portfolio Management [J]. Strategic Management Journal, 2014, 35 (2): 246 - 268.

[92] Kogut, B., Zander, U. Knowledge of the Firm, Combinative Capabilities, and the Replication of Technology [J]. Organization Science, 1992,

3 (3): 383 - 397.

[93] Lambrecht, B. M. The Timing and Terms of Mergers Motivated by Economies of Scale [J]. Journal of Financial Economics, 2004, 72 (1): 41 - 62.

[94] Leahy, D., Naghavi, A. Intellectual Property Rights and Entry into a Foreign Market: FDI versus Joint Ventures [J]. Review of International Economics, 2010, 18 (4): 633 - 649.

[95] Lerner, J., Sorensen, M., Strömberg, P. Private Equity and Long - run Investment: The Case of Innovation [J]. Journal of Finance, 2011, 66 (2): 445 - 477.

[96] Lewellen, W., Loderer, C., Rosenfeld, A. Merger Decisions and Executive Stock Ownership in Acquiring Firms [J]. Journal of Accounting & Economics, 1985, 7 (1 - 3): 209 - 231.

[97] Louis, H. Earnings Management and the Market Performance of Acquiring Firms [J]. Journal of Financial Economics, 2004, 74 (1): 121 - 148.

[98] Lu, J., Wang, W. Board Independence and Corporate Investments [J]. Review of Financial Economics, 2015, 24: 52 - 64.

[99] Macey, M. Universal Banks Are Not the Answer to America's Corporate Governance Problem [J]. Journal of Applied Corporate Finance, 1997, 9 (4): 35 - 52.

[100] Manne, H. Mergers and the Market for Corporate Control [J]. Journal of Political Economy, 1965, 73 (2): 110 - 120.

[101] March, J. G. Exploration and Exploitation in Organizational Learning [J]. Organization Science, 1991, 2 (1): 71 - 87.

[102] Matsusaka, J. G. Takeover Motives during the Conglomerate Merger Wave [J]. Journal of Economics, 1993 (3): 357 - 379.

[103] Megginson, W. L., Morgan, A., Nail, L. The Determinants of Positive Long - term Performance in Strategic Mergers: Corporate Focus and Cash [J]. Journal of Banking & Finance, 2004, 28 (3): 523 -

552.

[104] Miles, R. E., Snow, C. C. Organizational Strategy, Structure, and Process [M]. Stanford, CA: Stanford University Press, 2003.

[105] Myers, S. C., Majluf, N. S. Corporate Financing and Investment Decisions When Firms Have Information that Investors Do Not Have [J]. Journal of Financial Economics, 1984, 13 (2): 187 - 221.

[106] Nguyen, N. H., Phan, H. V. Policy Uncertainty and Mergers and Acquisitions [J]. Journal of Financial and Quantitative Analysis, 2017, 52 (2): 613 - 644.

[107] Nickell, S., Nicolitsas, D., Dryden, N. What Makes Firms Perform Well [J]. European Economic review, 1996, 41 (3 - 5): 783 - 796.

[108] Nielsen, J. F., Melicher, R. W. A Financial Analysis of Acquisition and Merger Premiums [J]. Journal of Financial and Quantitative Analysis, 1973, 8 (2): 139 - 148.

[109] Nohria, N., Gulati, R. Is Slack Good or Bad for Innovation [J]. Academy of Management Journal, 1996, 39 (5): 1245 - 1264.

[110] O'Connor, M., Rafferty, M. Corporate Governance and Innovation [J]. Journal of Financial and Quantitative Analysis, 2012, 47 (2): 397 - 413.

[111] Ornaghi, C. Mergers and Innovation in Big Pharma [J]. International Journal of Industrial Organization, 2009, 27 (1): 70 - 79.

[112] Paruchuri, S., Nerkar, A., Hambrick, D. C. Acquisition Integration and Productivity Losses in the Technical Core: Disruption of Inventors in Acquired Companies [J]. Organization Science, 2006, 17 (5): 545 - 562.

[113] Pathak, S., Xavier, O. E., Andre, O. L. Influence of Intellectual Property, Foreign Investment, and Technological Adoption on Technology Entrepreneurship [J]. Journal of Business Research, 2013, 66 (10): 2090 - 2101.

[114] Pearson, A. E. Tough – minded Ways to Get Innovative [J]. Harvard Business Review, 2002, 80 (8): 117 – 125.

[115] Penrose, E. T. The Theory of the Growth of the Firm [M]. Oxford: Oxford University Press, 1959.

[116] Phillips, G. M., Zhdanov, A. R&D and the Incentives from Merger and Acquisition Activity [J]. Review of Financial Studies, 2013, 26 (1): 34 – 78.

[117] Porter, M. E. Competitive Strategy: Techniques for Analyzing Industries and Competitors [M]. New York: The Free Press, 1980.

[118] Prabhu, J. C., Chandy, R. K., Ellis, M. E. The Impact of Acquisitions on Innovation: Poison Pill, Placebo, or Tonic [J]. Journal of Marketing, 2005, 69 (1): 114 – 130.

[119] Puranam, P., Singh, H., Insead, M. Z. Organizing for Innovation: Managing the Coordination – autonomy Dilemma in Technology Acquisitions [J]. Academy of Management Journal, 2006, 49 (2): 263 – 280.

[120] Rau, P. R., Vermaelen, T. Glamour, Value and the Post – acquisition Performance of Acquiring Firms [J]. Journal of Financial Economics, 1998, 49 (2): 223 – 253.

[121] Roll, R. The Hubris Hypothesis of Corporate Takeovers [J]. Journal of Business, 1986, 59 (2): 197 – 216.

[122] Ross, S. A. The Determination of Financial Structure: The Incentive – signaling Approach [J]. The Bell Journal of Economics, 1977, 8 (1): 23 – 40.

[123] Sapra, H., Subramanian, A., Subramanian, K. V. Corporate Governance and Innovation: Theory and Evidence [J]. Journal of Financial and Quantitative Analysis, 2014, 49 (4): 957 – 1003.

[124] Schwert, G. W. Markup Pricing in Mergers and Acquisitions [J]. Journal of Financial Economics, 1996, 41 (2): 153 – 162.

[125] Sears, J. B. Post – acquisition Integrative versus Independent Innovation:

A Story of Dueling Success Factors [J]. Research Policy, 2018, 47 (9): 1688 – 1699.

[126] Sehumpeter, J. A. Capitalism, Socialism, and Democracy (3d Ed) [M]. New York: Harper, 1950.

[127] Seru, A. Firm Boundaries Matter: Evidence from Conglomerates and R&D Activity [J]. Journal of Financial Economics, 2014, 111 (2): 381 – 405.

[128] Shin, H., Stulz, R. Are Internal Capital Markets Efficient? [J]. Quarterly Journal of Economics, 1998, 113 (2): 531 – 552.

[129] Shleifer, A., Vishny, R. W. Large Shareholders and Corporate Control [J]. Journal of Political Economy, 1986, 94 (3): 461 – 488.

[130] Sibilkov, V., Straska, M., Waller, H. G. Do Firms Use M&A Business to Pay for Analyst Coverage? [J]. Financial Review, 2013, 48 (4): 725 – 751.

[131] Stiebale, J., Reize, F. The Impact of FDI through Mergers and Acquisitions on Innovation in Target Firms [J]. International Journal of Industrial Organization, 2011, 29 (2): 155 – 167.

[132] Stiglitz, J. E., Weiss, A. Credit Rationing in Markets with Imperfect Information [J]. American Economic Review, 1981, 71 (3): 393 – 410.

[133] Sudarsanam, S., Mahate, A. A. Glamour Acquirers, Method of Payment and Post – acquisition Performance: The UK Evidence [J]. Journal of Business Finance & Accounting, 2003, 30 (1 – 2): 299 – 342.

[134] Sun, Z. Domestic Technological Acquisitions and the Innovation Performance of Acquiring Firms [J]. Journal of Chinese Economic & Business Studies, 2014, 12 (2): 149 – 170.

[135] Teece, D. J. Internal Organization and Economic Performance: An Empirical Analysis of The Profitability of Principal Firms [J]. The Journal of Industrial Economics, 1981, 30 (2): 173 – 199.

[136] Tian, X., Wang, T. Y. Tolerance for Failure and Corporate Innovation

[J]. Review of Financial Studies, 2014, 27 (1): 211 -255.

[137] Travlos, N. G. Corporate Takeover Bids, Methods of Payment, and Bidding Firms' Stock Returns [J]. Journal of Finance, 1987, 42 (4): 943 -963.

[138] Van de Vrande, V., Vanhaverbeke, W., Duysters, G. External Technology Sourcing: The Effect of Uncertainty on Governance Mode Choice [J]. Journal of Business Venturing, 2009, 24 (1): 62 - 80.

[139] Wagner, M. Acquisition as a Means for External Technology Sourcing: Complementary, Substitutive or Both? [J]. Journal of Engineering & Technology Management, 2011, 28 (4): 283 -299.

[140] Walsh, J., Ellwood, J. Mergers, Acquisitions, and the Pruning of Management Deadwood [J]. Strategic Management Journal, 1991, 12 (3): 201 -217.

[141] Wang, Q., Wong, T. J., Xia, L. State Ownership, the Institutional Environment, and Auditor Choice: Evidence from China [J]. Journal of Accounting and Economics, 2008, 46 (1): 112 -134.

[142] Wernerfelt, B. A Resource - based View of The Firm [J]. Strategic Management Journal, 1984a, 5 (2): 171 -180.

[143] Wernerfelt, B. Consumers with Differing Reaction Speeds, Scale Advantages and Industry Structure [J]. European Economic Review, 1984b, 24 (2): 257 -270.

[144] Weston, J. F., Chung, K. S. Takeover and Corporate Restructuring: An Overview [J]. Business Economics, 1998, 25 (2): 6 -11.

[145] Williamson, O. E. Transaction Cost Economics [C]. Menard, C., Shirley, M. M. Handbook of New Institutional Economics, Heidelberg: Springer - Verlag Berlin Heidelberg, 2008: 41 -68.

[146] Woerter, M., Roper, S. Openness and Innovation—Home and Export Dem and Effects on Manufacturing Innovation: Panel Data Evidence for Ireland and Switzerland [J]. Research Policy, 2010, 39 (1):

155 - 164.

[147] Xue, Y. F. Make or Buy New Technology: The Role of CEO Compensation Contract in a Firm's Route to Innovation [J]. Review of Accounting Studies, 2007, 12 (4): 659 - 690.

[148] Zhao, X. Technological Innovation and Acquisitions [J]. Management Science, 2009, 55 (7): 1170 - 1183.

[149] 白俊红，李婧．政府 R&D 资助与企业技术创新——基于效率视角的实证分析 [J]．金融研究，2011，6：181 - 193.

[150] 曹婷，冯照桢，李婉丽．风险资本、投资期界与新上市企业并购——基于中小板与创业板企业的实证研究 [J]．财贸研究，2015，6：122 - 131.

[151] 陈健，席西民，贾隽．上市公司控制权制衡与关联并购的关系研究 [J]．管理评论，2009，5：3 - 12.

[152] 陈昆玉．企业自主创新的融资行为及其对成长的影响：来自中国 A 股市场的经验证据 [J]．管理工程学报，2015，2：10 - 18.

[153] 陈胜蓝，马慧．卖空压力与公司并购——来自卖空管制放松的准自然实验证据 [J]．管理世界，2017，7：142 - 156.

[154] 陈仕华，姜广省，卢昌崇．董事联结、目标公司选择与并购绩效——基于并购双方之间信息不对称的研究视角 [J]．管理世界，2013，12：117 - 132.

[155] 陈仕华，卢昌崇．企业间高管联结与并购溢价决策——基于组织间模仿理论的实证研究 [J]．管理世界，2013，5：144 - 156.

[156] 陈涛，李善民，周昌仕．支付方式、关联并购与收购公司股东收益 [J]．商业经济与管理，2013，9：59 - 67.

[157] 陈宇，杨华，伍利娜．关联股权交易不同支付方式下的投资者收益研究——来自中国 A 股市场的经验证据 [J]．会计研究，2008，11：55 - 62.

[158] 陈玉罡，蔡海彬，刘子健，程瑜．外资并购促进了科技创新吗? [J]．会计研究，2015，9：68 - 73.

[159] 陈玉罡，李善民．并购中主并公司的可预测性——基于交易成本

视角的研究［J］. 经济研究，2007，4：90－100.

［160］陈泽艺，李常青，魏志华. 媒体负面报道影响并购成败吗——来自上市公司重大资产重组的经验证据［J］. 南开管理评论，2017，20（1）：96－107.

［161］陈志斌，王诗雨. 产品市场竞争对企业现金流风险影响研究——基于行业竞争程度和企业竞争地位的双重考量［J］. 中国工业经济，2015，3：96－108.

［162］池国华，杨金，张彬. EVA 考核提升了企业自主创新能力吗？——基于管理者风险特质及行业性质视角的研究［J］. 审计与经济研究，2016，31（1）：55－64.

［163］党力，杨瑞龙，杨继东. 反腐败与企业创新：基于政治关联的解释［J］. 中国工业经济，2015，7：146－160.

［164］邓乐元，成良斌. 企业并购对技术创新的影响［J］. 科技与管理，2004，6（2）：108－111.

［165］杜莹，刘立国. 股权结构与公司治理效率：中国上市公司的实证分析［J］. 管理世界，2002，11：124－133.

［166］冯根福，温军. 中国上市公司治理与企业技术创新关系的实证分析［J］. 中国工业经济，2008，7：91－101.

［167］冯根福，吴林江. 我国上市公司并购绩效的实证研究［J］. 经济研究，2001，1：54－61.

［168］付雷鸣，万迪昉，张雅慧. VC 是更积极的投资者吗？——来自创业板上市公司创新投入的证据［J］. 金融研究，2012，10：125－138.

［169］高雷，宋顺林. 治理环境、治理结构与代理成本——来自国有上市公司面板数据的经验证据［J］. 经济评论，2007，3：35－40.

［170］葛结根. 并购支付方式与并购绩效的实证研究——以沪深上市公司为收购目标的经验证据［J］. 会计研究，2015，9：74－80.

［171］葛清俊，肖洪钧. 基于资源的竞争战略理论研究述评［J］. 财经问题研究，2007，4：419－424.

[172] 辜胜阻，韩龙艳，何峥．供给侧改革需加快推进国企创新驱动战略——来自于央企的调查研究［J］．湖北社会科学，2016，7：87－92.

[173] 顾露露，岑怡，郭三，张凯歌．股权结构、价值链属性与技术创新——基于中国信息技术企业的实证分析［J］．证券市场导报，2015，10：27－35.

[174] 顾群，翟淑萍．融资约束、研发投资与资金来源——基于研发投资异质性的视角［J］．科学学与科学技术管理，2014，35（3）：15－22.

[175] 顾夏铭，陈勇民，潘士远．经济政策不确定性与创新——基于我国上市公司的实证分析［J］．经济研究，2018，2：109－123.

[176] 顾远东，周文莉，彭纪生．组织支持感对研发人员创新行为的影响机制研究［J］．管理科学，2014，27（1）：109－119.

[177] 韩洁，田高良，封华．分析师跟进对并购绩效的影响研究［J］．系统工程理论与实践，2016，2：400－412.

[178] 韩忠雪，周婷婷．产品市场竞争、融资约束与公司现金持有：基于中国制造业上市公司的实证分析［J］．南开管理评论，2011，14（4）：149－160.

[179] 郝项超，梁琪，李政．融资融券与企业创新：基于数量与质量视角的分析［J］．经济研究，2018，6：127－141.

[180] 郝颖，辛清泉，刘星．地区差异、企业投资与经济增长质量［J］．经济研究，2014，3：101－114.

[181] 何立胜，陈元志．国有企业创新发展状况与高管认知［J］．改革，2016，12：37－45.

[182] 何瑛，于文蕾，戴逸驰，王砚羽．高管职业经历与企业创新［J］．管理世界，2019，11：174－192.

[183] 何玉润，林慧婷，王茂林．产品市场竞争、高管激励与企业创新——基于中国上市公司的经验证据［J］．财贸经济，2015，2：125－135.

[184] 侯建，陈恒．外部知识源化、非研发创新与专利产出——以高技

术产业为例［J］. 科学学研究，2017，3：447－458.

［185］胡明霞. 管理层权力、技术创新投入与企业绩效［J］. 科学学与科学技术管理，2015，36（8）：140－149.

［186］胡元木. 技术独立董事可以提高 R&D 产出效率吗？［J］. 南开管理评论，2012，15（2）：136－142.

［187］黄俊，陈信元. 集团化经营与企业研发投资——基于知识溢出与内部资本市场视角的分析［J］. 经济研究，2011，6：80－92.

［188］蒋春燕，赵曙明. 组织冗余与绩效的关系：中国上市公司的时间序列实证研究［J］. 管理世界，2004，5：108－115.

［189］江涛，陈富永，汤思禹. 基于“关系型”社会情境的董事网络对并购绩效影响研究［J］. 中国软科学，2019，11：183－192.

［190］蒋卫平，刘黛蒂. 研发投入、冗余资源与企业绩效的关系研究［J］. 财经理论与实践，2016，37（5）：57－62.

［191］金纬. PE 在我国上市公司并购中的作用、影响与发展趋势——理论、实务与案例分析［J］. 中央财经大学学报，2013，4：4－47.

［192］孔东民，徐茗丽，孔高文. 企业内部薪酬差距与创新［J］. 经济研究，2017，10：144－157.

［193］李彬，潘爱玲. 税收诱导、战略异质性与公司并购［J］. 南开管理评论，2015，18（6）：125－135.

［194］李春涛，宋敏. 中国制造业企业的创新活动：所有制和 CEO 激励的作用［J］. 经济研究，2010，5：55－67.

［195］李健，薛辉蓉，潘镇. 制造业企业产品市场竞争、组织冗余与技术创新［J］. 中国经济问题，2016，2：112－125.

［196］李玲，陶厚永. 纵容之手、引导之手与企业自主创新——基于股权性质分组的经验证据［J］. 南开管理评论，2013，16（3）：69－79.

［197］李青原，王永海. 资产专用性与公司资本结构——来自中国制造业股份有限公司的经验证据［J］. 会计研究，2006，7：66－71.

[198] 李善民，曾昭灶．控制权转移的背景与控制权转移公司的特征研究［J］．经济研究，2003，11：54－64.

[199] 李善民，陈玉罡．上市公司兼并与收购的财富效应［J］．经济研究，2002，11：27－35.

[200] 李善民，毛雅娟，赵晶晶．高管持股、高管的私有收益与公司的并购行为［J］．管理科学，2009，22（6）：2－12.

[201] 李善民，张媛春．制度环境、交易规则与控制权协议转让的效率［J］．经济研究，2009，5：92－105.

[202] 李善民，郑南磊．股东——利益相关者博弈对主并方股东财富效应的影响［J］．金融研究，2007a，8：141－153.

[203] 李善民，郑南磊．报酬分配、组织相容与价值创造［J］．财经科学，2007b，9：75－81.

[204] 李善民，周小春．公司特征、行业特征和并购战略类型的实证研究［J］．管理世界，2007，3：130－137.

[205] 李善民，朱滔．多元化并购能给股东创造价值吗？——兼论影响多元化并购长期绩效的因素［J］．管理世界，2006，3：129－137.

[206] 黎文靖，郑曼妮．实质性创新还是策略性创新？——宏观产业政策对微观企业创新的影响［J］．经济研究，2016，4：60－73.

[207] 李晓溪，杨国超，饶品贵．交易所问询函有监管作用吗？——基于并购重组报告书的文本分析［J］．经济研究，2019，5：181－198.

[208] 李晓翔，刘春林．资源冗余与企业绩效关系的情境研究——兼谈资源冗余的数量变化［J］．南开管理评论，2011，14（3）：4－14.

[209] 李心丹，朱洪亮，张兵，罗浩．基于 DEA 的上市公司并购效率研究［J］．经济研究，2003，10：15－24.

[210] 李增泉，余谦，王晓坤．掏空、支持与并购重组——来自我国上市公司的经验证据［J］．经济研究，2005，1：95－105.

[211] 李政，陆寅宏．国有企业真的缺乏创新能力吗——基于上市公司

所有权性质与创新绩效的实证分析与比较 [J]. 经济理论与经济管理，2014，34 (2)：27 - 38.
[212] 刘海云，唐玲. 国际外包的生产率效应及行业差异——基于中国工业行业的经验研究 [J]. 中国工业经济，2009，8：78 - 87.
[213] 刘行. 企业的战略类型会影响盈余特征吗？——会计稳健性视角的考察 [J]. 南开管理评论，2016，19 (4)：111 - 121.
[214] 刘华芳，杨建君. 异质股东持股、经理人激励与企业自主创新投入的实证研究 [J]. 管理学报，2014，11 (1)：79 - 85.
[215] 刘启君，熊璇. 国有股权对企业绩效影响的再认识——基于上市公司会计信息的实证分析 [J]. 中南大学学报（社会科学版），2013，4：23 - 28.
[216] 卢闯，李志华. 投资者情绪对定向增发折价的影响研究 [J]. 中国软科学，2011，7：155 - 164.
[217] 鲁桐，党印. 公司治理与技术创新：分行业比较 [J]. 经济研究，2014，6：115 - 128.
[218] 罗付岩. 机构投资者异质性、投资期限与公司盈余管理 [J]. 管理评论，2015，27 (3)：174 - 184.
[219] 马文聪，侯羽，朱桂龙. 研发投入和人员激励对创新绩效的影响机制——基于新兴产业和传统产业的比较研究 [J]. 科学学与科学技术管理，2013，34 (3)：58 - 68.
[220] 孟庆斌，李昕宇，张鹏. 员工持股计划能够促进企业创新吗？——基于企业员工视角的经验证据 [J]. 管理世界，2019，11：209 - 228.
[221] 倪骁然，朱玉杰. 劳动保护、劳动密集度与企业创新：来自2008年《劳动合同法》实施的证据 [J]. 管理世界，2016，7：154 - 167.
[222] 权小锋，尹洪英. 中国式卖空机制与公司创新——基于融资融券分步扩容的自然实验 [J]. 管理世界，2017，1：128 - 144.
[223] 邵帅，齐中英. 西部地区的能源开发与经济增长——基于“资源诅咒”假说的实证分析 [J]. 经济研究，2008，4：147 - 160.

[224] 宋希亮，张秋生，初宜红．我国上市公司换股并购市场反应的实证研究［J］．中国工业经济，2008，7：111－120.
[225] 孙健，王百强，曹丰，刘向强．公司战略影响盈余管理吗？［J］．管理世界，2016，3：160－169.
[226] 孙世攀，赵息，李胜楠．股权控制、债务容量与支付方式——来自我国企业并购的证据［J］．会计研究，2013，4：52－57.
[227] 唐清泉，巫岑．基于协同效应的企业内外部 R&D 与创新绩效研究［J］．管理科学，2014，27（5）：12－23.
[228] 唐跃军，左晶晶．所有权性质、大股东治理与公司创新［J］．金融研究，2014，6：177－192.
[229] 唐宗明，蒋位．中国上市公司大股东侵害度实证分析［J］．经济研究，2002，4：44－50.
[230] 田利辉．杠杆治理、预算软约束和中国上市公司绩效［J］．经济学（季刊），2004，3：15－26.
[231] 佟岩，华晨，宋吉文．定向增发整体上市、机构投资者与短期市场反应［J］．会计研究，2015，10：74－81.
[232] 王克敏，廉鹏，向阳．上市公司“出身”与盈余质量研究［J］．中国会计评论，2009，7（1）：3－28.
[233] 王垒，刘新民，吴士健，范柳．创业企业 IPO 后所有权类型集中度、董事会主导功能与多元化战略选择［J］．南开管理评论，2018，21（3）：103－115.
[234] 王满四，徐朝辉．银行债权、内部治理与企业创新——来自 2006－2015 年 A 股技术密集型上市公司的实证分析［J］．会计研究，2018，3：42－49.
[235] 王锐淇，张宗益．区域创新能力影响因素的空间面板数据分析［J］．科研管理，2010，31（3）：17－26.
[236] 王宛秋，张永安．基于解释结构模型的企业技术并购协同效应影响因素分析［J］．科学学与科学技术管理，2009，30（4）：104－109.
[237] 王宛秋，马红君．技术并购主体特征、研发投入与并购创新绩效

[J]. 科学学研究，2016，34（8）：1203 - 1210.
[238] 王永钦，李蔚，戴芸. 僵尸企业如何影响了企业创新？——来自中国工业企业的证据 [J]. 经济研究，2018，11：99 - 114.
[239] 魏谷，孙启新. 组织资源、战略先动性与中小企业绩效关系研究——基于资源基础观的视角 [J]. 中国软科学，2014，9：117 - 126.
[240] 温成玉，刘志新. 技术并购对高技术上市公司创新绩效的影响 [J]. 科研管理，2011，32（5）：1 - 7.
[241] 温军，冯根福. 异质机构、企业性质与自主创新 [J]. 经济研究，2012，3：53 - 64.
[242] 文玉春. 产业创新的路径选择：自主研发、协同创新或技术引进 [J]. 山西财经大学学报，2017，39（2）：47 - 57.
[243] 吴超鹏，唐菂. 知识产权保护执法力度、技术创新与企业绩效——来自中国上市公司的证据 [J]. 经济研究，2016，11：125 - 139.
[244] 吴娜，于博，吴家伦. 逆周期并购的经济后果及其异质性特征 [J]. 会计研究，2018，6：54 - 61.
[245] 吴延兵. 国有企业双重效率损失研究 [J]. 经济研究，2012，3：15 - 27.
[246] 谢纪刚，张秋生. 股份支付、交易制度与商誉高估——基于中小板公司并购的数据分析 [J]. 会计研究，2013，12：47 - 52.
[247] 解维敏. 混合所有制与国有企业研发投入研究 [J]. 系统工程理论与实践，2019，39（4）：1067 - 1078.
[248] 解维敏，唐清泉，陆姗姗. 政府 R&D 资助，企业 R&D 支出与自主创新——来自中国上市公司的经验证据 [J]. 金融研究，2009，6：86 - 99.
[249] 徐宁，徐向艺. 控制权激励双重性与技术创新动态能力——基于高科技上市公司面板数据的实证分析 [J]. 中国工业经济，2012，10：109 - 121.
[250] 徐晓萍，张顺晨，许庆. 市场竞争下国有企业与民营企业的创新

性差异研究［J］. 财贸经济，2017，38（2）：141－155.

［251］许罡，朱卫东. 金融化方式、市场竞争与研发投资挤占——来自非金融上市公司的经验证据［J］. 科学学研究，2017，35（5）：709－719.

［252］杨勃，许晖. 企业逆向跨国并购后的组织身份管理模式研究［J］. 中国工业经济，2020，1：174－192.

［253］杨道广，陈汉文，刘启亮. 媒体压力与企业创新［J］. 经济研究，2017，8：125－139.

［254］杨海燕，韦德洪，孙健. 机构投资者持股能提高上市公司会计信息质量吗？——兼论不同类型机构投资者的差异［J］. 会计研究，2012，9：16－23.

［255］杨林. 公司股权结构、高管团队认知多样性与创业战略导向关系研究［J］. 科研管理，2014，35（5）：93－106.

［256］杨鸣京，程小可，李昊洋. 机构投资者调研、公司特征与创业创新绩效［J］. 当代财经，2018，399（2）：84－93.

［257］尹筑嘉，杨晓光，黄建欢. 大股东主导的资产重组、公司效率与利益侵占——基于中国重组类整体上市案例的研究［J］. 管理科学学报，2013，8：54－67.

［258］于开乐，王铁民. 基于并购的开放式创新对企业自主创新的影响——南汽并购罗孚经验及一般启示［J］. 管理世界，2008，4：150－159.

［259］余明桂，范蕊，钟慧洁. 中国产业政策与企业技术创新［J］. 中国工业经济，2016，12：5－22.

［260］余鹏翼，王满四. 国内上市公司跨国并购绩效影响因素的实证研究［J］. 会计研究，2014，3：64－70.

［261］余泳泽，刘大勇. 中国传统产业和新兴产业差异性技术进步路径选择研究［J］. 财贸研究，2013，24（1）：22－31.

［262］袁建国，后青松，程晨. 企业政治资源的诅咒效应——基于政治关联与企业技术创新的考察［J］. 管理世界，2015，1：139－155.

[263] 翟进步，王玉涛，李丹．上市公司并购融资方式选择与并购绩效“功能锁定”视角［J］．中国工业经济，2011，12：100－110.
[264] 翟淑萍，毕晓方．高管持股、政府资助与高新技术企业研发投资——兼议股权结构的治理效应［J］．科学学研究，2016，34（9）：1371－1380.
[265] 张峰，邱玮．探索式和开发式市场创新的作用机理及其平衡［J］．管理科学，2013，26（1）：1－13.
[266] 张耕，高鹏翔．行业多元化、国际多元化与公司风险——基于中国上市公司并购数据的研究［J］．南开管理评论，2020，23（1）：169－179.
[267] 张杰，郑文平，翟福昕．竞争如何影响创新：中国情景的新检验［J］．中国工业经济，2014，11：54－68.
[268] 张俊瑞，李婉丽，周瑾．中国证券市场并购行为绩效的实证分析［J］．南开管理评论，2002，5（6）：51－57.
[269] 张矢的，阎娟，王晓雯．赫克歇尔—俄林定理在中国的实证检验——基于产业要素密集度的时序横截面模型分析［J］．管理评论，2009，21（4）：90－97.
[270] 张维迎，周黎安，顾全林．高新技术企业的成长及其影响因素：分位回归模型的一个应用［J］．管理世界，2005，10：94－112.
[271] 张雯，张胜，李百兴．政治关联、企业并购特征与并购绩效［J］．南开管理评论，2013，16（2）：64－74.
[272] 张新．并购重组是否创造价值？——中国证券市场的理论与实证研究［J］．经济研究，2003，6：20－29.
[273] 张一林，龚强，荣昭．技术创新、股权融资与金融结构转型［J］．管理世界，2016，11：65－80.
[274] 张芸，胡汉辉，谢恽．我国高科技行业和传统行业知识资本效率的比较分析［J］．科学学与科学技术管理，2009，30（10）：107－111.
[275] 张峥，聂思．中国制造业上市公司并购创新绩效研究［J］．科研管理，2016，37（4）：36－43.

[276] 章卫东，邹斌，廖义刚．定向增发股份解锁后机构投资者减持行为与盈余管理——来自我国上市公司定向增发新股解锁的经验数据 [J]．会计研究，2011，12：63－69.

[277] 赵洪江，陈学华，夏晖．公司自主创新投入与治理结构特征实证研究 [J]．中国软科学，2008，7：145－149.

[278] 赵晶，李林鹏，和雅娴．群团改革对企业创新的影响 [J]．管理世界，2019，12：152－163.

[279] 赵玉林，朱晓海．市场结构对企业技术创新的影响分析 [J]．武汉理工大学学报（社会科学版），2006，4：507－510.

[280] 赵子乐，林建浩．海洋文化与企业创新——基于东南沿海三大商帮的实证研究 [J]．经济研究，2019，2：68－83.

[281] 甄丽明，唐清泉．机构投资者是更积极的监督者吗：来自创业板的证据 [J]．广东财经大学学报，2015，30（1）：96－103.

[282] 郑江淮，张玉昌．政府研发资助促进企业创新的有效性：激励效应异质性假说与检验 [J]．经济理论与经济管理，2019，12：17－34.

[283] 支燕，白雪洁．我国高技术产业创新绩效提升路径研究——自主创新还是技术外取？[J]．南开经济研究，2012，5：51－64.

[284] 钟凯，程小可，肖翔，郑立东．宏观经济政策影响企业创新投资吗——基于融资约束与融资来源视角的分析 [J]．南开管理评论，2017，20（6）：4－14.

[285] 周亚虹，贺小丹，沈瑶．中国工业企业自主创新的影响因素和产出绩效研究 [J]．经济研究，2012，5：107－119.

[286] 朱国泓，杜兴强．控制权的来源与本质：拓展、融合及深化 [J]．会计研究，2010，5：54－61.

[287] 朱磊，韩洪震，王春燕．技术并购对企业创新绩效的影响——来自我国高技术上市公司的数据 [J]．山东财经大学学报，2016，3：103－110.

[288] 朱乃平，朱丽，孔玉生，沈阳．技术创新投入、社会责任承担对财务绩效的协同影响研究 [J]．会计研究，2014，2：57－63.

［289］朱武祥，郭洋．行业竞争结构、收益风险特征与资本结构——兼论股票市场资本风险配置效率及融资监管条件的调整［J］．改革，2003，2：57－67.
［290］邹国庆，倪昌红．经济转型中的组织冗余与企业绩效：制度环境的调节作用［J］．中国工业经济，2010，11：120－129.